翻訳問答

英語と日本語行ったり来たり

片岡義男 × 鴻巣友季子

左右社

Lost and Found
in Translation

翻訳問答　英語と日本語行ったり来たり　目次

はじめに

片岡　ここへ来る前に新宿南口の紀伊國屋書店の洋書売り場に寄ってみました。たくさんある棚のうちのひとつが、「翻訳が待ち遠しい海外文学選」という試みで、いろんな作品の原書がぎっしりとありました。かなりの衝撃を受けて僕はしばしその棚の前に立っていたのです。僕が受けた衝撃にはいろんな要素がからまっています。日本語で読む海外文学の最新作、という読書の領域がいまも健在であるのを越えて、読者たちが翻訳を待つ気持ちは、たとえば僕が二十代だった頃にくらべると、はるかに切実に強いのではないか、と僕は感じたのです。その棚に詰まっていた本のひとつひとつに、日本語で説明のポップがつけてありました。それが収録されているカタログのパンフレットがこれです。鴻巣さんはたくさん仕事をしなくてはいけない、というめぐり合わせのなかにいますよ。

かつては、翻訳された日本語、そしてその本だけが、あったのです。原典があちら、そして日本語訳がこちらですけれど、翻訳される前の原典つまり外国語は、存在しないに等しい状態でした。いったん翻訳されると、格段にそうなりましたね。いま、そしてこれからは、少なくとも二言語の世界に、人々は生きるのです。ひとつは自分の日本語で、もうひとつが英語であれなにであれ、少なくとも二言語によって、人々の生きる世界は成立するのです。少なくとも二言語、ですよ。

そのような世界での日本語は、かつての日本語とは趣が大きく異なっていくでしょうし、そのような世界に向けて翻訳されるその翻訳は、性質も役目も幅は広く内容は複雑になります。翻訳そのものがそうなるのではなく、翻訳するという作業と、その翻訳を受け取る側のありかたが、そうなるのです。翻訳の日本語そのものは、基本的には、読みやすさへと向かいます。いつもの自分の日本語と、二言語世界における英語なら英語の代役としての、国内仕様の日本語から可能なかぎり離れているが故に読みやすい翻訳である日本語との、ふたとおりですね。

ナギーブ・マフフーズという作家の生誕百年を記念してでしょう、カイロ三部作と呼ばれている小説の第一部、『張り出し窓の街』（国書刊行会）が、日本語に翻訳されています。五千二百五十円という定価も言っておきたいです。こういうものが、いま日本語で読めるとは、という心からの驚きは、いま日本語とは、という驚きに満ちた問いかけに、まっすぐつながります。

鴻巣　マフフーズは今世紀に入って翻訳がずいぶん出るようになりましたね。もとは一九七〇年代から紹介されていたのですが、一時翻訳が途切れていた。たしかにいま日本は海外文学の翻訳がさかんです。でも、その日本も近年は韓国あたりに負けつつあります。カルト的あるいは通好みの小説はさかんに翻訳されますが、一方で、この二十年ほどでメインストリームだった作家や作風のものが翻訳されなくなる、されてもあまり注目されない、という状況が出てきています。物語の面白さでぐいぐい読ませるものが減った。こうした翻訳のカルト化の一因は、影響力のある翻訳者が扱う作家だけが読まれるという流れにもあるようです。

片岡　いま日本で翻訳される文学の本は、翻訳者が選んでいるのですか。

鴻巣　場合によりけりですが、プロデューサー的な能力をもった翻訳者が出す本はわりと好まれるようです。マイナーなバリエーションは拡大しています。その一方、〝メインステージ〟がちょっと手薄になってますね（苦笑）。私も辺境へ流れるたちなので反省してます。私がかかわった河出書房新社の世界文学全集は、あえて越境文学を縦横無尽に扱っています。昔なら出版社の企画が通らなかったような、アジア圏、カリブ圏、あるいはヨーロッパでもバスク地方などの文学の翻訳が出ています。生態系にたとえるなら、種の数はとても多いけれど各種の個体数が少なくなっている状況です。つまり、部数に関しては言うのがはばかられるくらい少ない。

プロデューサー的翻訳家として、いまもっとも影響力があるのは村上春樹さんですよね。まあ、明治期だって、プロデューサーになれるようなその時代の文化を索引する人が翻訳者になってきたわけですが。片岡さんもそうでは？

片岡　自分がたまたま読んだ新しい作品を編集者に紹介する役は担ったかもしれません。僕の頃はすでに、この作品はこの人が訳す、ときまっている雰囲気がありました。いまより出版社と翻訳者のつき合いは素朴でした。打ち合せの喫茶店での会話のなかで、ぜひこの作品を翻訳したい、と翻訳者が話を持ち出すこともしばしばありました。いまはそうしたプロデューサーの側面がさらに強まり、翻訳者が前面に出て来ることが多くなっているのですね。

鴻巣　私が翻訳家としてデビューしたのは一九八七年ですが、そのときに比べていまは、読者の翻訳業に対する、あるいは個々の翻訳者に対する興味が強くなっていますね。

片岡　翻訳される作品の範囲の広さは、どこから来るものなのですか。

鴻巣　原典回帰の現象があります。それが周縁の文学に目が向くようになった要因のひとつではないかと思います。昔は原典からではなくて、一度英語に訳されたものを重訳することも少なくなかった。ただ、最近では、カリブ文学、ナイジェリア文学、韓国文学と銘打っていても、実際に書かれた言語は第二言語で、しばしば最初から英語で書かれていることが多い。こうなると、カリブ文学ではなくてカリブ系英語文学ですね。

もはや、あちらもこちらもなく

片岡　翻訳家も昔といまとでは随分変わってきていますね。昔の翻訳家といえば、丹前を着て座机に向かって、家には縁側があって猫がいて手水鉢があって、原典の洋書以外は全部日本のものに囲まれているといったイメージでした。

鴻巣　典型的な明治の翻訳家ですね。原書だけが外国という、ね（笑）。

片岡 世界の趨勢としては、もはやあちらもこちらもないのです。翻訳されるフィクションやノンフィクションの世界では、ひときわそうなのでしょう。ふたつを区別するものとして最後まで残るのは言語の壁ですが、資本主義と民主主義の文明国での都市生活者の生活は、似てきます。日常生活に関しては区別を感じにくくなると同時に、文化のちがいによる生活のちがいが、思ってもみない鋭角的なかたちで立ちあらわれもします。ちがいは埋められていくと同時に、際立ちもするという世界での翻訳ですね。そのための日本語は、適応として、変化せざるを得ないです。

翻訳をする人は、自分が翻訳する作品を選ぶ人にならざるを得ないのですね。自分が得意とする領域を中心に幅広い知識が必要で、そのような知識を翻訳者の力量の一部分として、読者は求めます。その人が支持されるとは、翻訳がその人の名ゆえに買われていく、ということでもあります。周辺の知識や事情に詳しくないと、やっていけません。プロデューサーとしての橋渡しの役割、あるいは、現場を紹介する人としての役割です。少しだけ想像を広げて語るなら、その人は、「この著者の新刊のサイン会が先週ボストンでありまして、私はたまたまニューヨークにいましたので、いって来ました。前著の翻訳者が東京から来ているということでサイン会のあとコーヒーに誘われてしばらく話をしたのですが」というようなことを新刊訳書を題材にしたトークショーで語れば、聞きに来た人たちに大いによろこばれるでしょう。必然的に翻訳者の日常生活のかたちも内容も、大きく変化します。飛びまわる、そして、こもる、というバランスの上に咲く花と言うか、かつての翻訳家とはまるで異なっています。

鴻巣　もちろん生活は西洋化し、海外にも簡単にいけますが、翻訳家ってわりと出無精の人が多いみたいですよ(笑)。ポリグロット（多言語話者）で視野が広く、フットワーク軽く出掛けられる人もいますが、現地主義をとらない翻訳者もいます。

大きな変化は、この二十年のウェブ空間の拡大です。現地にいかなくてもインターネットで調べられる。龍口直太郎が『ティファニーで朝食を』(新潮社、一九六〇年)を訳したときには、ティファニーに食堂があるのかどうかニューヨークまで確かめにいった。そして店員に「ここに食堂はあるか」と聞かなくては安心出来なかった。当然そんなものはない。そういうおかしなオチまで脚註に書かれてあった。

アメリカ文学者の青山南さんも、アメリカにいったらとにかく広告を集めたと聞きました。商品など日常的な固有名詞はそういうところでしか集められなかったわけです。ところが、いまはインターネットの検索という恐ろしく便利なものがあります。これであらゆることが調べられる。少なくともリサーチのとっかかりを得ることが出来る。

私が『嵐が丘』を訳したときは、ヨークシャーにいきました。アフリカ文学に凝っているときは東アフリカに何回かいきました。しかしじつのところ、現地取材の意味合いは変わってきている。即物的な調査から少し精神的なものにシフトしていますね、少なくとも私の場合は。

片岡　僕が訳していたのは、高級な文学作品ではなくて娯楽作品でした。ですから、わからない単語が出て来たらどうされましたか。六〇年代、片岡さんが翻訳されるときは、わからない単語、というものはなかったのです。

鴻巣 すると固有名詞が次々に出て来たのでは？

片岡 昔の小説ですから、それほどは出て来ませんでした。

鴻巣 そうか、ブランド名が羅列されるような小説は八〇年代以降ですかね。ブレット・イーストン・エリスの『アメリカン・サイコ』とか……。

片岡 ゲイタレイドやハーゲン・ダッツは覚えてます。どちらも片仮名表記はまちがえたはずです。文意がわからないところは、小説ではまずありませんでした。ただし、詩になると、つながりかたがわからないところがありました。僕が訳していたのは、平易で娯楽的なフィクションやノンフィクション、それに詩です。詩の場合、文章の構成が文法的でない部分がありますす。その部分は、何を言わんとしているのか、という方針で接すると、意味はわかりません。誤植もあったでしょうし。

鴻巣 歌詞における歴史的な誤訳は、ビートルズの Norwegian Wood がありますね。「ノルウェイの森」が定着しているから村上春樹の小説のタイトルにもなった。でも、あれは「森」ではなくて「家具の素材」のことですね。誤訳なのですが、「森」と訳したことでインパクトが強くなった。誤訳が思わぬイメージを作りだした例です。そうした誤訳の〝メリット〟は文学には山ほどあります。堀口大學はアポリネールの翻訳で、「牡牛」と訳してそれが日本の読者に幅広く読まれたけれど、原語は「牝牛」だったとか。訳者として一歩踏み込んで、ここは牡牛のほうがイメージを強く喚起すると思ったのではないかという説もあります。私は故平岡篤頼氏に倣って「誤訳のポエジー」と呼んでいますが、はからずものまちがいから生まれたポエジーの辺地とでもいう領野が日本の翻訳文学にはあります！

片岡　エドガー・アラン・ポーに The Raven「大鴉」という詩があります。大鴉がことあるごとに口にする単語が Nevermore ですが、阿部保さんは昭和二十三年に「またとない」と訳しました。

鴻巣　言語の音やイメジャリのかそけき余韻を伝えるのは至難の業ですね。

片岡　Nevermore を Never と More のふたつに分けて考えたのでしょう。それで Never を「ない」にし、More を「また」にした。ふたつを合わせて「またとない」。しかし、「またとない」には「またとないチャンス」のような別の意味もあります。いちばん自然なのは「二度とない」なのですが、阿部保さんは「二度と」という散文的な表現は採用したくなかったのでしょう。ごく小さな例ですが、これを拡大していくと、誤訳と言われる範囲が生まれるような気がします。

鴻巣　誤訳の問題は微妙ですね。微妙なグレーゾーンが排された翻訳は窮屈です。Nevermore の例は様々な問題を提起している。英語でも異和感のある言葉ですから、阿部さんは訳す際、何か立ち止まらせる言葉にしたかったのでしょう。

　チャンドラーの『長いお別れ』に To say Good-bye is to die a little. というくだりがありますよね？　その a little をめぐって、「自分のなかの何かが少しだけ死ぬ」と解釈する翻訳者と「少しのあいだ死ぬ」と解釈する翻訳者がいるそうです。ほんの少しのちがいですが、量ととるか時間ととるか程度ととるか……などで喚起されるイメージはかなりちがったものになります。

片岡　死は長いお別れなのですから、「少しのあいだ死ぬ」のは無理ですね。そのとき自分のなかでなにかが死んだ、という言いかたがありますが、それに近いものだと思います。

鴻巣　「少しだけ死ぬ」は、本当は変な日本語かもしれませんが、その違和感がかえって言葉の奥行きを深めて、結果としてイメージを直截に伝える。ちょっとおかしいと思わせることで、意味のエッセンスを伝えるということもありませんか。昔の翻訳にはそういう「引っかかり」の妙味をもつ訳がたくさんありました。

片岡　一見したところは直訳でも、じつはとても工夫がなされていて、その工夫によって、翻訳者がはからずも前面に出てくる。こういう翻訳がこれから増えると僕は思います。

鴻巣　直訳に見えて翻訳者が前面にいる例として、タイの若手作家ラッタウット・ラープチャルーンサップの『観光』（ハヤカワepi文庫）という翻訳小説があります。タイトルはsightseeingの直訳ですが、日本語では「光を観る」と書きますね。物語のなかでお母さんが失明し、親子のあり方について考える箇所があります。翻訳者の古屋美登里さんは、この小説は光を見る、そして光が見えなくなる話なのだという意味をタイトルに込めて、あえて直訳で『観光』としたそうです。それを知って私は感動しました。心のいき届いた翻訳で、散文的な「観光」という言葉がちがう色を湛えるようになりました。

読みやすい翻訳のこれから

鴻巣　翻訳者は黒子たれ、「透明な」翻訳をしろ、と私も駆け出しの頃に叩き込まれました。原文が透けて見えそうな直訳のほうが忠実に見えますし、私もそう心がけてきました。しかしこの頃実感するのですが、日本でいう「透明な翻訳」と欧米でいう「透明な翻訳」はよく似て見えて、じつは正反対なのです。日本では翻訳者が引っ込んで原文が透けて見えるovert translation（明白な翻訳）を「透明な翻訳」と言いますが、欧米では最初からその言葉で書いてあるような、翻訳作業や原文そのものが消えているcovert translation（隠れた翻訳）を「透明な翻訳」と言うのです。

片岡　それは面白い。日本でおこなわれる翻訳も、欧米で言われているような「透明な翻訳」に向かいつつあるのですね。

鴻巣　このふたつのちがいについてはもう何十年も考えていますが(笑)、数年前にそれを実感したのは、村上春樹のロシア語翻訳者と話したときでした。最初からロシア語で書かれたように見せるには相当の操作が必要です。ある種の同化翻訳といいますか。たとえば日本のよくわからないお祭りが出て来たら、ロシアのお祭りに置き換えてしまうといった操作ですね。欧米ではいままで、同化翻訳が圧倒的に主流で、だからこそ反撥もあり、いま考え直されて原文重視の流れがようやく出てきています。日本では、早くも明治二〇年代には、黒岩涙香がやっていたような翻案や同化翻訳に対して疑義が呈されて、直訳志向が強くなり、そのまま百何十年も来ました。いまも基本的には訳者の存在というノイズが見えない混じり気のない（と思える）健康食品みたいな翻訳は支持されていますが、この十年余りでしょうか、翻訳の独創性とか、原文から独立した芸術性ということが謳われるようになってきました。

片岡　翻訳の原文忠実度を測る基準として、原文が透けて見えることが求められたのですね。それがいわゆる「翻訳調」という文章の書きかたですか。これから読者に求められるのは、まるで原文で読んでいるような気分にさせてくれる翻訳でしょう。

鴻巣　「翻訳調」と言うとたいてい悪口で嫌われるのですが、実際は忠実であるがゆえに尊ばれもしているのです。そのあたりにアンビヴァレンツがあります。

片岡　原文の構造が透けて見える日本語の文章はけっして悪いものでなく、たいへん面白いものです。僕が翻訳したのは娯楽作品でしたので、透けて見えなければいけない構造の文章は、訳したことはありません。

鴻巣　娯楽作品でも様々なテクニックが必要だと思いますね。

片岡　ボブ・ディランの『タランチュラ』（角川書店、一九七三年、現在はＫＡＤＯＫＡＷＡより復刊）は、単行本一冊分の長さで一編となっている現代詩で、具象と抽象の間をいく表現でした。日本語をそのままあてはめていくのに、もってこいの詩だと思って引き受けた仕事です。構文はそれほど難しくはなく、意味がわからなくなるところにも、そのまま日本語をあてはめてみました。

鴻巣　たしかドイツの詩人ヘルダーリンがギリシャ語から翻訳する際にそのような超直訳的な翻訳方法を採りましたね。日本では、八〇～九〇年代には、直訳をよしとする風潮への反動がおきて、とくにエンターテインメント作品では最初から日本語で書いてあるような「こなれた」翻訳が好まれる傾向もあったかと思います。

片岡　読みやすい翻訳、という翻訳ですね。読者からのそのような要望が翻訳者や出版社に届くようになり、それに合わせた翻訳がされるようになったのですね。

鴻巣　たしかに昔の文学全集には、読んでいてあまりにわからない、苦しい翻訳がありましたものね。しかしわからないのは読者である自分の頭が悪いせいだと、がまんして読んでいました。読みやすい翻訳にはふたつあって、ひとつは的確に意を伝えているもの、もうひとつは自然な日本語で書かれているもの。前者の「読みやすい翻訳」を促進するひとつのきっかけとして、別宮《べっく》貞徳さんの「欠陥翻訳時評」があったと思います。七〇年代末から「翻訳の世界」という雑誌で始まった連載で、都留重人監訳のベストセラー『不確実性の時代』（ガルブレイス著、TBSブリタニカ、一九七八年）などを取り上げ話題となりました。読みにくい翻訳は読者の頭のせいではなく、訳が間違っているからだと糾弾したのです。連載は二十年余りつづきました。それに促されてただの誤訳摘発のような風潮が出てきたのは困ったことですが。

片岡　「読みにくい翻訳第一段階」は単なる悪文です。「読みにくい翻訳第二段階」は、構文をきちんと理解出来ていない翻訳です。たとえば下請けの学生の翻訳をそのまま活字にしてしまったような訳文ですね。そういう読みにくさへの不満が積み重なった結果として、「読みやすい翻訳を」という要望となって出版社に伝わったのでしょう。

鴻巣 八〇〜九〇年代に「生硬な翻訳である」と言われるのは、翻訳者にとって異端宣告にも等しい恐ろしいことでした（笑）。

片岡 僕の小説の文体は、ある時期、翻訳調、翻訳文体などと評されました。それはそれで、僕としては悪い気分ではないのですが。

鴻巣 最初に翻訳調と言い出したのは誰だったんでしょうね。片岡さんは翻訳のお仕事から始められて、小説を書き出されたときには、特に翻訳調で書こうとしたわけではないですよね。

片岡 翻訳調で書こうなどとは思いません。小説のために使う自分の日本語を発見しなければならないという努力の結果であって、翻訳文体で書こうという目標があったわけではないのですから。

翻訳に対する読者からの要求

片岡 最近の翻訳者は、読みやすくするための努力を限度いっぱいにおこなわなければいけません。例をあげると、中国出身でアメリカに帰化した作家ハ・ジンの『すばらしい墜落』（白水社）の邦訳はたいへん読みやすいです。読みやすすぎて、これでいいのかと僕は思ったほどです。そう言う僕は、原典を読んではいないのですが。翻訳は立石光子さんです。

鴻巣 原文は非常にシンプルな英語なんです。ハ・ジンがなぜ英語で書くことにこだわるのか。

彼はアメリカ留学中に天安門事件をメディアを通じて知り、帰国することをやめた一種の亡命者です。彼は英語でなくては自分の作品が成立しないという理由で、自分自身で中国語に翻訳するのは断っていました(現在は心変わりがあるようですが)。第二言語である英語の隙き間が醸し出すもどかしさのようなものが、そのストーリーのミもフタもなさ、アンチ・クライマックスな展開とあいまって、これは英語でしか書けないものだと私は感じるのですが。

片岡 書き手が意図して使った英語のもどかしさが、翻訳でもなんとなく見えました。ここにはかなり複雑な言語の問題があり、翻訳作業があります。僕が、これでいいのか、と思った理由の発端は、どうしても英語で書くのだという作者の、その英語にあったのです。

鴻巣 英語で読んでもとてもシンプルで、「これでいいの」と思わせるところはあります。

片岡 日本語の題名も秀逸です。『すばらしい墜落』の原題はA Good Fallです。この言葉は「思いがけなく手に入った好ましいもの」という意味です。そのことを、主人公がアパートの屋上から投身自殺することと、重ねてあります。

鴻巣 もうひとつかけてあると思います。キリスト教の概念でFelix culpa、英語ではfortunate fallすなわち「幸せな堕落、失墜」と。堕ちてこそ贖《つぐな》いと神の救済があるといった考えでしょうか。

片岡 そのとおりです。単純といえば単純ですが、秀逸な物語ですね。投身自殺を試みるけれども骨折だけで済んで、自殺の原因が報道されると人々の同情が集まり、中国人コミュニティのなかで搾取をしていたお寺が糾弾されてなくなったり、主人公は彼女との仲がうまくいって生活が向上したりと、まさに思いがけず状況が好転する、ただそれだけの話です。『すばらしい墜落』と、「すばらしい」を平仮名にしたのも、すばらしいですよ、見た目の均衡が。考え抜いた上での訳でしょうね。それがぜんたいの読みやすさへと広がっています。原文の英語で読むのと、ほとんどおなじなのではないか、と僕は思いました。

鴻巣 さきほどの『観光』の一見直訳に見えて考え抜いた訳と一緒ですね。

片岡 これからの翻訳者はこうした知恵と才覚を至る所で発揮しなければなりません。その作業はたいへん難しくもあるけれど、面白い仕事です。ノーベル賞をとったアリス・マンローに Too Much Happiness という二〇〇九年の短篇集があります。そのなかのひとつに Fiction という短篇があって、翻訳された短編集の題名とともに、『小説のように』（新潮社）となっています。原題では Fiction という一語がタイトルですが、これを「小説のように」とすると、原語の硬さが消えて、日本語での感触はとてもやさしく、受け取りやすくなります。

鴻巣 言葉の質感がまったくちがいますね。Fiction を『小説のように』と訳すのは、The Apartment を『アパートの鍵貸します』と訳したような衝撃ですね（笑）。「のように」とは一体何なんだ、と原題と邦題を見比べただけで、この小説を読みたくなります。Fiction と『小説のように』のあいだに、翻訳者が読んで訳すあいだに何が起きたんだ、と興味をそそられるのです。

片岡 原題と邦題のあいだに、翻訳者が大きな存在としているわけです。翻訳者の仕事はこれからますます面白くなり、仕事が増えていくでしょう。さきほどの洋書売り場での試みの続きですが、「翻訳が待ち遠しい海外文学選」のほかにもうひとつ、「勝手に邦題予想」という棚があり、まだ翻訳されていない作品の題名だけが、予想としての日本語題名になっているのでした。題名だけならなんとかなりそうだ、ちょっと遊んでみようか、ということなのでしょうけれど、その奥に、これからの翻訳者がおこなう作業のなかにある、数々の工夫の迷路のようなものが僕には見えて、これにも衝撃を受けたのです。

鴻巣　邦題のなかにも翻訳の難所が見える。面白いですね。翻訳の「難しさ」って年を追うごとに、微細で微妙なものになっている気がします。

片岡　翻訳に関する読者からの要求が、多岐にわたってしかも新しくなっていますね。その新しさとは、すでに語ったとおり、とにかく読みやすく、という要求とそれに応える技です。読みやすさの重要な一部分として、原文が英語なら、英語で読んでいる気分になりたい、という要求がこれから大きくなっていくだろうと僕は思います。従来の読みやすさとは衝突します。まさに日本語らしい日本語が持つ、いま、そしてこれからという時代との、うっとうしい不適格さかげんが浮き上がると、それは修正されざるを得ません。ほんの一例として、その問題は切り離して別に考えましょう、と言っている原文を、それはそれとして、という日本語にしてはいけない、ということです。翻訳調の日本語、という言いかたがあって、それはおおむね批判の対象だったのですが、翻訳調の文体は正調の日本語と対立するものとして、ある程度まで正しかったのです。進んでいく時代と日本語らしい日本語との不適合の拡大によって、日本語が変化していくのです。国内的ではない日本語へ。

鴻巣　翻訳業はあちら立てればこちら立たずの連続です。原作を、欠けるところのない球体だとすると、それにどちらから光を当てるかが翻訳の作業です。どこから光を当てても影が出来る。光源が大きければ影の部分は小さくなるけれど、それでもやはり影は出来てしまう。その影の部分を指摘されたら、申し訳ありませんと言うしかない。

ところで、いま片岡さんがアメリカ文学短篇集を編むとすると、どうしても読者は「片岡義男」の鏡あるいはフィルターを通して読むことになります。日本未訳の作家は特にそうです。さて、ここに「有名翻訳家パラドクス」というべきものがあります。翻訳家は名前が出れば出るほど自分を消せなくなっていくジレンマを抱えています。それでも、もっとも有名な翻訳者ですら、「自分を消したい」「透明になりたい」と言うのですね。それならば、たとえば「村上春樹」という名前を変えて翻訳を出してはどうでしょう(笑)。

片岡　翻訳はその人が原文に対しておこなった解釈なのですから、透明にはなれません。

鴻巣　あるとき聞き慣れない名前の翻訳者がすてきなアメリカ文学短篇集を編んでいたら、訳者は片岡さんかもしれないですね。

片岡　そうだ、それはぜひともやってみよう。

鴻巣　ワインなら「シャトー・マルゴー」と聞くだけで、皆思い込みでおいしく感じます。そうした名前の幻惑を排するために、アメリカのワイン評論家ロバート・パーカーは、銘柄、品種、ヴィンテージを全部伏せて飲んで評価する「ブラインド・テイスティング」を始めました。文学でいうところのテキスト批評です。

「片岡義男」や「村上春樹」といった有名翻訳家の翻訳を、「ブラインド翻訳」で名前を伏せて読んだら、一体どれほどの読者が気づくことが出来るだろうか(笑)。これは昔から興味を持っている問題です。一線で活躍している翻訳家のものを集めて、情報を一切伏せた状態で読んで、ワインのテイスティングをするように「この句読点の打ち方は」などと、ためつすがめつ推測して翻訳者を当てる。そうすると、誰かのパスティーシュをやる人が出てきますね。パスティーシュを意識したひねりも出てくる。おなじメンバーで長く句会を続けていると、そういう現象がおこるように。『ブラインド翻訳文学短篇集』、袋綴じか何かで答えが書いてあるのはどうでしょう。

片岡　読者カードをくれた人に一年後に答えを送りましょう。僕が翻訳する作品は、いちばん目立たない、日本語をあてはめやすい小説がいいな。自分は透明な存在になりたいとは、翻訳者の誰もが思うことでしょう。

鴻巣　自分の存在を消したいのは、創作でも変わらないのではありませんか。

翻訳による自分の発見

片岡　現実の僕がいる場所とはちがうところで物語が成立していくといい、という意味では。翻訳するときにも無意識のうちに、自分を前面に出さないための技法として「あてはめ主義」でいこうと思っているんです。

鴻巣　片岡さんは『英語で言うとはこういうこと』（角川oneテーマ21）のなかで、「この番組を見てる人はとても多いんですよ」というごく普通の日本語について、なかなか英語に訳せないと書いています。問題は「見てる」という言葉です。日本語では動詞だと思っていますが、英語の観点からすると、この「見てる」は動詞のはたらきをしていない、と。

片岡　そうです。日本語の「見る」と「見てる」はちがいます。「見てる」はアクションではなく、状況ですから。

鴻巣　この場合はThe program reaches a great number of people. と英訳されました。「見ている」は動詞ではないといった、英語と日本語のブリッジ感覚は、「片岡文学」の根底にあるものですね。この本は、何度も読み返しています。

片岡　何でもない日本語なのだけれど、英語にしようとすると愕然とする場合が多いのです。

鴻巣　「見ている」をwatchingとすると、「いま見ている」という意味になってしまいますね。

片岡　訳しかたはたくさんあるけれど、The programを主語に立てるならば、次はreachesがいちばん基本的な言いかたです。なぜreachesなのかは、謎なのですが。

鴻巣　片岡さんがよくおっしゃる「あてはめれば出来る」は、そう簡単には出来ない技術が要ることなのです。いまお聞きすると、それはやはり視点の問題ですね。

片岡　逆に、この英語の文章を僕が翻訳するとすれば、「このテレビ番組を見ている人はたくさんいます」と訳すでしょう。つまり双方向で考えられます。多くの人が成長していく段階で言葉を身につけて、そこに謎は何もないと思っているけれど、言葉には謎がいっぱいあります。翻訳作業をとおしてその謎が見えて来ますし、その謎を多少は解くことも出来るので、翻訳は面白いですね。ポーの『大鴉』でNevermoreを「二度とない」ではなく「またとない」とした例では、そこに翻訳者の主観が入った、と言っていいでしょうか。

鴻巣　翻訳者の批評が入るわけですね。翻訳によって減るものがあるいっぽう、翻訳によって増えるものもあります。増えるものは翻訳者の解釈、批評です。

片岡　ポーの例でいうと、ボードレールがポーの翻訳をしています。

鴻巣　ボードレール翻訳によって、ポーは世界にブレイクしたわけですものね。

片岡　ポーを翻訳した理由を、ボードレールは「彼は私に似ていた」と説明しています。ポーが書いた文章や思想のなかに、自分がいたということです。

鴻巣　翻訳による自分の発見はくりかえし起きます。外国語を読むことは日本語を読み直すことにほかなりません。外国語は自分を映す鏡ですね。

片岡　僕もボードレールにとってのポーにあたる作家あるいは作品を見つけてみたいですね。「ああ、これは自分だ、これさえあればいい」と思えるような作品を。これから何冊も読んだら見つかるでしょうか。

鴻巣　黒岩涙香は百冊読んでやっと一冊翻訳に価する本があると言ったらしいです。私の感覚でも十冊ではだめで、うーん、でも二十冊読めばあるかも(笑)。

片岡　ここに自分がいる、と思えるような作品に出会えたら幸せでしょうね。まったく見ず知らずの遠くの人が書いた作品のなかに、これは自分だ、と全面的に思えるものがあったら、自分という人の自分による発見です。

鴻巣　片岡義男の分身を見つけたいということですか。

片岡　分身ではなくて、一冊の小説になっている当人そのものです。その当人を翻訳出来るだろうか。以前鴻巣さんから伺った crap-detector は、ヘミングウェイが使った言葉だそうですが、ヘミングウェイはどのような文脈で使ったのでしょうか。

鴻巣　中国出身で日本語でも執筆する毛丹青がヘミングウェイを引用したのですが、ヘミングウェイは「よい作家としてサヴァイヴしていくためには自分のなかにインチキなもののダメなものを探知する装置（crap-detector）がなければならない」という主旨のことを言っています。built-in という表現を使っていましたね。Every man should have a built-in automatic crap-detector operating inside him. これは一九五四年の文章です。

片岡　crap-detector の感覚は僕にもあって、それは英語なのです。「それはお前の本意ではないだろう」「そんな気持ち悪いことを書くな」という感覚を与えるものが英語で、一見したところ自由闊達に日本語で書いているように見えたとしても、英語は常に傍らにあって僕を制限しています。

鴻巣　片岡さんが登場したときに、自由闊達な若者文学と受けとめられました。じつはその言葉の闊達さのなかには、厳然とした原理や法則があったわけですね。自分が裏切ることの出来ないもの、自分に何かを課してくるものが、バイリンガリズムから来ているというのは、私にとって大きな発見です。

片岡　どうしてこの僕がそんなことになったのか、それもまた謎ですね。不自由だからそんなことやめてくれ、と言いたいです。

すべては訳せない、すべては訳せる

片岡　さて、これから鴻巣さんと、実際に翻訳し合いましょう。サリンジャーの『ライ麦畑でつかまえて』は、いかがですか。

鴻巣　おお、いきますか。片岡さんの翻訳が見られると思うとわくわくします。

片岡　僕と鴻巣さんに加えて、白水社から出ている野崎孝さん訳と、村上春樹さん訳、そしてもうひとつ、サリンジャーがサリンガーと表記されて、題名が『危険な年齢』となっている訳があります。

鴻巣　サリンジャーを片岡さんが訳すとどうなるのでしょう。

片岡　どうなる、こうなる、ということではないと思います。それから、日本語の小説を英語に翻訳するのはどうでしょう。

鴻巣　片岡さんは言葉をあてはめていけば出来るかもしれませんが、私には手に負えないかもしれませんねえ。どんな作品を選ぶのでしょうか。

片岡　ものすごくこなれた、日本人なら誰が読んでも頭からすんなりわかるものを選ぶと、最初の一行から翻訳出来ないことがわかります。いかに翻訳出来ないかを語れば楽しいですよ。

鴻巣　The Translation Zone : A New Comparative Literature という九・一一以後の翻訳理論を書いた本がありますが、二十の鉄則というのがあって、わかりやすく言ってしまうと、「すべての戦争は理解不一致または誤訳を拡張させた状態にある」ということです。一番のNothing is translatable. から始まって、最後の二十番ではEverything is translatable. で終わるのです。これを私たちも掲げてよいのでは(笑)。

片岡　そうですね。すべては訳せない、しかしすべては訳せる、ということにきめましょう。

サリンジャーの『ライ麦畑』は、一人称のあの語りそのものがテーマなのですね。村上さんは、テーマがどこにあるのかわからないままにだらだら語られる、テーマはブラックボックスだ、と発言していますが、一人称にすると、語りそのものがテーマになるのです。それからチャンドラーも翻訳してみましょう。一人称による語りの、もうひとつの例です。多くの作家がチャンドラーをお手本にしていることがわかります。The Long Goodbye はいかがですか。

鴻巣　タイトルから訳したほうがいい。『ロング・グッドバイ』という人もいれば『長いお別れ』とやる人もいる。私からの提案は、少女文学と言われている『赤毛のアン』あるいは『秘密の花園』と、ジェイン・オースティンです。

片岡　『赤毛のアン』は面白いですよ。冒頭なんかとてもいい。「あてはめ翻訳」の傑作をつくりたいなあ。

鴻巣　ボルヘスは「直訳の美」と言っていますよね。

片岡　「直訳」をどういう意味で使っているのかが問題ですね。

鴻巣　「直訳」のふりをした、じつは考え抜かれた「直訳」をしたいですね。オースティンなら『高慢と偏見』がいいな。ぜひ片岡さんの訳を読みたい。

片岡　Prideを「高慢」と訳したのはすごいですね。Prejudiceを「偏見」と訳すことはすぐに出来たのでしょう、そしてそれと対になる言葉として「高慢」をあてはめたのですね。これをひと段階だけ高めると、傲慢と無知になります。偏見は無知の一歩手前です。

鴻巣　『自負と偏見』という訳もあります。原題はPride and Prejudiceでpで頭韻をふんでいます。それを日本語で訳すのは難しいので、「高慢」と「偏見」と脚韻にしているのかもしれません。

片岡　すごいなあ、『高慢と偏見』なんて、僕には出て来ないなあ。題名の翻訳ばかり集めて、どのような翻訳者の思考を経てこの邦題になったのかを論じても面白いですね。『老人と海』The Old Man and the Seaなんて工夫の余地はないように思えるけれど、どこかに工夫があったのでしょうか。『年寄りと海』でも『じいさんと海』でもないですよね。

鴻巣　サマセット・モームの『お菓子と麦酒』Cakes and Aleもちょっと不思議な邦題です。

片岡　Cakesにも Aleにも深い意味が込められているのでしょう。

鴻巣　シェイクスピアからの引用ですね。

片岡　邦題の『お菓子と麦酒』では、手みやげみたいで、原題の深い意味が感じられなくて、そこがおかしい。英語のandと日本語の「と」とではちがうのです。日本語の「と」は「対比」

でもなく、「その次に」という意味でもなく、重なりを示している気がします。題名に「と」が入っている邦題ばかり眺めても面白いですね。たとえば「と」でつながった古典。『月と六ペンス』『赤と黒』『罪と罰』『ロミオとジュリエット』『戦争と平和』『ジキル博士とハイド氏』。いま思いつくだけでも、たくさんあります。

鴻巣　古典・名作の邦題がなぜその邦題になったかを推測するのは楽しいですね。

片岡　まったく無作為にいまひとつ思い浮かんだのは、『灯台へ』という題名です。原題はTo the Lighthouseで、まず灯台そのものが、あそこにあるあの灯台、と特定してあります。日本語題名のなかの灯台は、どこにあるどの灯台でもいいのです。読者にまかされています。読者は自分の知っている灯台に重ねてもいいし、灯台というもの、として新たにイメージしてもいいのです。この自由さの枠と、theという定冠詞を、どのように結びつけるかは翻訳者が果たすべき役割のひとつだと言われたら、どうしますか。それからToですけれど、特定されたその灯台に実際に向かうのですから、そこへ向けて行動するというアクションが、思考に一定の枠をはめます。灯台というものをなんとなくイメージするのではなく、特定された灯台へ向けてアクションを起こすのです。野放しの主観のおそらく対極にあるものです。

文学作品ではなく最近の外国映画の題名を例にとると、原題は『アーティストとモデル』という二項の関係です。この二項からなにをイメージしてもそれは自由ですが、少なくとも字面においては、単なる二項が対置された関係です。この原題が、日本で公開されたときの日本語題名だと、『ふたりのアトリエ』となったのです。二項ではなく、ふたり、というひとつの状態ですね。それに追い打ちをかけて、アトリエ、という状況が、ふたりにあたえてあります。日本語という言葉は、すでにとっくにそうなっていまものようにそこにある状態、として物事をとらえて表現するのがたいそう得意です。この得意技をつきつめていくと、状態とは、いまで言うところの、空気なのですね。

さらにまったく無作為にひとつ思いつくのは『キュリアス・ジョージ』Curious Georgeという原題の絵本シリーズです。キュリアスとは好奇心の強いという意味ですが、子供にはわからないだろうと先まわりしたからでしょう、『人まね小猿』となりました。いまは『おさるのジョージ』です。これが『好奇心ジョージ』あるいは『キュリアス・ジョージ』になる日が来るでしょうか。好奇心ゆえにジョージがスパゲティまみれになるエピソードでは、スパゲティは焼きうどんと訳されたのです。スパゲティという表記とその実物の一般的な普及が、焼きうどんに負けていた日々の出来事です。いまでは、焼きうどんのほうが、なじみは薄いのではないか、と思ったりもします。

鴻巣 うわ、それは『赤毛のアン』の旧・村岡花子訳で、シュークリームが「軽焼きまんじゅう」と訳されたのを超える衝撃ですね(笑)。

翻訳問答を進めるにあたって、次のようなルールを作りました。

一　二人があげた課題小説のなかから編集部が次回の課題と締切を提示する。

一　二人には訳す範囲のコピーしか与えられない。

一　対談当日まで既訳を参照してはならない。

一　おたがいの訳文は対談当日まで見ることは出来ない。

その1　ジェイン・オースティン

Netherfield is taken by a young man of large fortune from the north of England; that he came down on Monday in a chaise and four to see the place, and was so much delighted with it that he agreed with Mr. Morris immediately; that he is to take possession before Michaelmas, and some of his servants are to be in the house by the end of next week."

"What is his name?"

"Bingley."

"Is he married or single?"

JANE AUSTEN

PRIDE AND PREJUDICE

It is a truth universally acknowledged, that a single man in possession of a good fortune, must be in want of a wife.

However little known the feelings or views of such a man may be on his first entering a neighbourhood, this truth is so well fixed in the minds of the surrounding families, that he is considered as the rightful property of some one or other of their daughters.

"My dear Mr. Bennet," said his lady to him one day, "have you heard that Netherfield Park is let at last?"

Mr. Bennet replied that he had not.

"But it is," returned she; "for Mrs. Long has just been here, and she told me all about it."

Mr. Bennet made no answer.

"Do not you want to know who has taken it?" cried his wife impatiently.

"*You* want to tell me, and I have no objection to hearing it."

This was invitation enough.

"Why, my dear, you must know, Mrs. Long says that

『思い上がって決めつけて』


金運に恵まれた独身の男は奥さんを欲しがるはずだとは、世のなかの誰もが認めるところだ。

こうした考えが誰の頭のなかにもしっかりとあるものだから、そのような男がひとり近く住むことになると、その男の気持ちやものの見かたなどまだなにひとつ知らないうちから、その男は近隣のいずれかの家の娘のものとなって当たり前だ、ということにされる。

「あなた、ねえ」と、ある日のこと奥さんが、ご主人のベネットに言う。「ネザフィールド・パークにやっと借り手がついたのですって」

それは知らなかった、とご主人は答える。

「借り手がついたのよ。ついさっきロングの奥さんがここへ来て、みんな聞かせてくれたのよ」

ベネットさんは返事をせずにいる。

「借り手がどんな人だかお知りになりたくないの?」と、奥さんは勢いづいて声が高くなる。

「聞かせてくれるなら、僕はこうして聞いていることにやぶさかではないんだ」

我が意を得たとばかりに奥さんは喋り始める。

「まあ、いったい、なんでしょうねえ、ロングの奥さんが言うには、ネザフィールドを借りたのは、イングランドの北のほうから来た、とても金持ちの若い男なんですって。月曜に四頭立ての馬車で見に来て、たいそう気に入ったとかで、その場でモリアさんと話をきめたというのよ。十月の初めまでには引っ越して来て、召使たちの何人かは来週の末には家に入るそうよ」

「名前はなんというんだい」

「ビーグレー」

「妻帯かいそれとも独り身かい」


(片岡義男・訳)

『結婚狂想曲』

世間一般にきまりきったことで、男は独り身で財産があるとなれば、さあ、あとは妻を娶らなくては、という話になる。

この考えは実に根強く、そうした独身男が越してくるとなると、相手がどんな気持ちでどんな考えをもっているかもわからないのに、ともかくこれはうちの娘の誰かにうってつけの物件、と近隣は色めき立つ。

「ねえ、あなた」ある日、ベネット家でこんな夫婦の会話が始まる。「お隣のネザーフィールド・パークにとうとう借り手がついたこと、お聞きになりまして?」

そんなことは聞いていないと夫は答えた。

「ええ、でも本当ですのよ」妻はそう返した。「さっきまでロングの奥さんがうちにいらして、くわしく話してくれましたから」

夫からは返事がない。

「ちょっと、あなた、どんな人が借りたか知りたくないんですの?」妻はしびれを切らして声を高くした。

「わたしはともかくおまえが話したいんだろう。聞くのは吝かではないよ」

待ってましたとばかりに、妻は喋りだした。

「それが、あなた、聞いてくださいよ。ロングさんが言うには、ネザーフィールドの借り手というのが、北イングランドのたいした資産家の青年らしいんですの。なんでも月曜日に四輪の箱馬車で地所の下見にきたとかで、たいそう気に入ったので、すぐさま大家のモリスさんと契約を交わしたそうですわ。ご本人はミカエル祭までに越してくるそうですけど、まず来週末までに召使が幾人か移ってくるようです」

「ほう、名前はなんというんだ?」

「ビングリーさんですって」

「で、既婚なのか、独り者なのか?」

(鴻巣友季子・訳)

片岡　『高慢と偏見』に関しては、少なくとも最初の一ページを翻訳したかぎりでは、何の問題もありません。

鴻巣　そうですか。

片岡　ぜんたいの雰囲気を翻訳者がどうとらえるかによって、まったく異なる訳になる、とも思います。『高慢と偏見』の冒頭は、文学作品というよりは、ひと組の夫婦の関係への、入り口のような世界ですよね。

鴻巣　片岡さんは問題なしとおっしゃいましたが、私は冒頭を翻訳していて、ひとつ大きくひっかかりを感じたところがあります。一行目 truth です。「真理」「事実」などの訳語が考えられると思いますが、私は「真相」や「事実」といった言葉を使わずに訳そうとしたのです。なぜなら、もしこれが「真相」であるならば、それは universally に acknowledge されているとわざわざ強調する必要はないだろうし、「真相」は人の心に fix してもしなくても「真理」のはずで言う必要はあるのかなと(笑)。この truth には、オースティンの仕掛けが入っているように思います。だから「真相」「事実」などの日本語の熟語を使わずに訳そうとがんばって、その翻訳を持って来ましたら、嬉しいことに、片岡さんも「真相」「事実」を使っていらっしゃいませんでした。いままでの翻訳を見てみますと……えーと……。

片岡 みなさんは truth をそのまま訳しているのですか。

鴻巣 はい、見てみましょう。It is a truth universally acknowledged, that a single man in possession of a good fortune, must be in want of a wife. の箇所ですね。古典だけあって、いま手に入るものでも五冊あります。

阿部知二訳「独身の男性で財産にもめぐまれているというのであれば、どうしても妻がなければならぬ、というのは、世のすべてがみとめる真理である」（河出文庫）

中野好夫訳「独りもので、金があるといえば、あとはきっと細君をほしがっているにちがいない、というのが、世間一般のいわば公認真理といってもよい」（新潮文庫）

富田彬訳「相当の財産をもっている独身の男なら、きっと奥さんをほしがっているにちがいないということは、世界のどこへ行っても通る真理である」（岩波文庫）

中野康司訳「金持ちの独身男性はみんな花嫁募集中にちがいない。これは世間一般に認められた真理である」（ちくま文庫）

小尾芙佐《おびふさ》訳「独身の青年で莫大な財産があるといえば、これはもうぜひとも妻が必要だというのが、おしなべて世間の認める真実である」（光文社古典新訳文庫）

片岡 鴻巣さんは「世間一般にきまりきったことで、男は独り身で財産があるとなれば、さあ、あとは妻を娶らなくては、という話になる」としています。「きまりきったこと」というのがたいへんうまい。そして「さあ」の使いかたも。鴻巣さんが「世間一般」としたところは、僕は「世のなかの誰もが」としています。この小説はぜんたいにわたってたいそう通俗的な話なので、通読して人物の性格や展開をつかみ、雰囲気をきちんときめてからでなくては、訳すことが出来ませんね。

鴻巣　「認められた真実」というより、みんながあんまり言うので事実みたいになっちゃっている、当たり前のように思われている、という感じかなと思いました。〝〟付きの truth。タイトルは『高慢と偏見』が一般的ですが、私は少しいま風に『結婚狂想曲』と遊んでみました。中野好夫は『自負と偏見』としていますね。

片岡　僕は一例として『思い上がって決めつけて』としてみました。

鴻巣　そ、それはすごく画期的ですね。韻も踏んでいます。オースティンが自分自身の作品について述べた言葉として、「ごく小さな象牙に細いペンで絵を描くような」という言葉があったかと思います。つまり自分の小説はたいへん狭い範囲を描いたものなのだ、という意味ですが、一方でオースティンは非常に皮肉がきいているというか、風刺的な作家でもあります。

冒頭の truth がどうしてもひっかかるのですが、ヘンリー・ヒッチングズというイギリスの評論家も『高慢と偏見』を取り上げて、truth の使い方がおかしいと述べています。ある考え方が universally acknowledged つまり「遍く認められている」ということならばわかるけれど、truth が「遍く認められている」という表現がどうもヘンだ、と。私は、この truth

は反語だと思います。「世間一般にはこう思われていますよね、だけど…」というニュアンスではないですか。

片岡 そのとおりだと思います。その反語を意図的にややひねって表現しています。それによってこの作品に対するジェイン・オースティンの態度がきまっていることがわかります。

鴻巣 「お金のある独身男性は、次は奥さんを探す」と皆さん思っているでしょうが…という投げかけが含まれています。truth と言うところでオースティンが軽くウィンクしていそうです。シニカルなトーンと茶目っ気ですね。日本で言ったらだれでしょう。橋田壽賀子か林真理子か、日常に潜む毒という点では江國香織もあながち遠くないかもしれません。ともあれ、オースティンはこの小説に描かれている、中産階級、アッパーミドルクラスのすったもんだに対して、常に批評的な視線を持っている。そして、この世界を喜んで読んでいる読者こそをオースティンは茶化しているという見方も出来る。とはいえ、ぜんたいにそれが不快ではないですね。そんなことを考えつつ、この truth を「真相」「真実」でない言葉で訳してみようと思ったのです。

原文の構造が見える翻訳

片岡 この作品でのオースティンの姿勢は、冒頭のベネット夫妻の会話だけからでも、わかりますね。たいそう巧みな、余裕をもった書き手だと思います。余裕があるのは、作品としての態度が、すべてきまっているからです。

鴻巣　また面白いのが、冒頭からしばらく、「どうせしゃべりたいのだろうからしゃべりなさいよ」と奥さんに言うまで、ベネット夫妻の旦那さんのほうは直接話法ではしゃべらないことです。奥さんが「have you heard?（お聞きになりまして？）」と尋ねたのに対し、旦那さんはMr. Bennet replied that he had not. と間接話法で、またその後の妻の発言が直接話法で書かれているのに、Mr. Bennet made no answer. とまたしても台詞は出てこない。

それから、間接話法なので直接的にはわからない旦那さんの返答に対し、奥さんがreturned とあります。"But it is," returned she と。return という動詞は「言い返す・切り返す」というニュアンスでしょうかね？　その前の旦那さんの返答が「いやそんなことは聞いていないよ、またお前の思い込みではないのかい」というトーンがあったか、あるいはまともに取り合わない調子だったことを想像させます。ここは大いに行間を読ませる箇所です。それに対する奥さんの発言は"But it is,"と But から始まるのも上手いなあ、と。まず But と言わせるような旦那さんの態度なり、その前の口調なりがあったことをさりげなく伝えていますよね。そして、さっきロングの奥さんがいろいろ話してくれたんです、と。旦那さんはそれには返答しない。ここで、夫婦のスタンスのちがい、温度差がはっきり伝わりますね。

それは充分な誘いであった

片岡　奥さんの描写は細かくて、声が勢いづいて高くなるとか、そういうことが書いてありますね。「我が意を得たとばかりに喋り始めた」とか。

鴻巣　This was invitation enough. ですね。私は「待ってましたとばかりに、妻は喋りだした」としました。少し似ていますね。

片岡　直訳すると、それは充分な誘いであった、となります。翻訳とは、これを日本語に語り直すことですか。

鴻巣　語り直しのワンクッションなしに出てくるのが翻訳かと……（笑）。さて、富田訳では「これは、十分に誘いの水であった」。中野康司訳では「呼び水はこれで十分」となっています。

片岡　どの訳者もそれぞれに工夫してますね、invitation のひと言をめぐって。しかしおふたりとも、水というひと言を使っている。僕がしきりに言う国内仕様の日本語とは、たとえばこの水です。

鴻巣　「国内仕様の」ですか。その少し前の impatiently の訳は、片岡さんは「勢いづいて」ですね。喋るのを我慢できないというニュアンスですが。

片岡　相手から聞かれるまで待っていられない、とにかく喋りたい、ということですね。鴻巣さんの「しびれを切らして」は、いいですが、この言いかたも、国内仕様ですね。

鴻巣　焦れてきて、いいかげんちゃんと聞いてくださいよ、ということです。それまで奥さんの動詞は said、returned、ときていましたが、ここで cried になっていますから、だんだんテンションが上がっているということがわかります。

片岡　非常にわかりやすい表現です。ただし、この短い描写を読んで、ここまでよくわかってしまう文章は、少しやりすぎかとも思います。オースティンには余裕があるから、調子づいてやりすぎになっている、と僕は思います。

鴻巣　奥さんの話を聞くのに、"I have no objection to hearing it." という旦那さんの言葉、片岡さんは「僕はこうして聞いてることにやぶさかではないんだ」、私は漢字にしましたが、やはり「聞くのは吝かではないよ」としました。奇しくもおなじ訳ですね。

片岡　それを聞くことに私はなんら異存を持っていない。直訳するとこうなります。a chaise and four は「四輪馬車」でいいのかな?

鴻巣　これは脚註がついていて、「四頭立ての四輪馬車」のようですね。でもそれでは説明的すぎてセリフにならない。とにかく立派な馬車を仕立てて乗りつけてきたとすぐにわからないと。

片岡　初めは受け手にまわっていた旦那が「妻帯かいそれとも独り身かい」と、質問者になります。ここは核心ですね。

鴻巣　やっぱり旦那さんも知りたいんですね(笑)。

片岡　受け渡しのしかたが巧みです。受けにまわっていた人が、受けているだけではなくて、あるひと言でふと核心にせまる、という書きかたがうまいです。

鴻巣　奥さんは「ねえねえ、お隣に金持ちの若い独身男性が引っ越してきたんですってよ」と一気には明かさずに、「お隣に借り手がついた」「金持ちの若い男性」「その名前は」という情報を少しずつ出します。そして、最後に「独身」であることを明かします。分散和音みたいになっていますね。小説の表現技法としてはどうでしょうか。

片岡 周辺の抽象的なことから表現していって、最後に旦那の台詞でいっきに具体的になるという、読者を核心へと引き込むためによく使う技法ですね。

鴻巣 直接話法の旦那さんの最初のセリフで、You がイタリックになっていますね。奥さんは旦那さんに「あなた知りたくないの?」と言うけれど、旦那に言わせれば「お前のほうが話したいんだろう」ということで強調のイタリックになっているのでしょうね。中野好夫訳では「あなたったら」と間投詞のように訳しています。

片岡 そうですね、強調のイタリックですから、「話したがっているのは君のほうだ」という強調がなされています。

鴻巣 イタリックをどう表現するかは難しいですね。傍点をふるという方法がしばしばとられてきました。阿部知二訳も「あなたは話したいのだろうね」、一九五〇年刊の富田彬訳は「お前のほうで話したいんだろう」となっています。イタリックなどはもともと日本語にないものですから、文章の構造で強調を表現出来るならばそれが一番よいですね。心のなかで思っていることをイタリックで表記するのも、原文に合わせてやっているのですが、読みにくいと不評を買うことも多いです。文字としての日本語はやはり一文字が正方形におさまるようになっていたほうがよいらしく、短ければいいけど、長きにわたって平行四辺形(イタリック)になっていると読みにくいと、あるベテランの翻訳編集者が言っていました。

片岡　文章の構造や表現そのもので言いきることが出来れば、それがいちばんいいでしょう。

鴻巣　私の翻訳では「おまえ」という言葉を使わずに「どっちにしろ話したいんだろう」と最初は訳したのですが、再考してやはり「おまえのほうが」という意味合いを入れました。

片岡　僕は「聞かせてくれるなら」としただけで、特に強調は表現しませんでした。『高慢と偏見』の冒頭はたいそう巧みに書かれていて、まったく問題なく訳せました。達者な文章です。

鴻巣　Why, my dear, you must know, を片岡さんは「まあ、いったい、なんでしょうねえ」と訳していますね。

片岡　日本語として無理のない、昔からある言いかたのひとつを当てはめておきました。know の意味は、あなたも少しは気にかけなくてはいけないことなのですよ、というような意味でしょう。

鴻巣　片岡さんは before Michaelmas もミカエル祭(九月二十九日)と訳さず、「十月の初めまで」と訳していますね。

片岡　煩雑にしないために、この段階では省略しました。どうしても必要だと判明したなら、のちほど書き加えます。

鴻巣　オースティンなら、すらすら訳せそうですか？

片岡　かなり楽だと思います。

鴻巣　一冊片岡訳のジェイン・オースティン、いかがでしょう。ぜひ読みたいと思いました。

片岡　最初の一ページだけでこうも書き手のうまさや態度、つまり、その作家のすべてわかってしまうものなのですね。言葉とは、それを使う人の意図とその能力である、ということですね。

鴻巣　文章に人間が出るというのは、恐ろしいことでもあります。

その2　レイモンド・チャンドラー

you mind a whole lot pulling your leg into the car so I can kind of shut the door? Or should I open it all the way so you can fall out?"

The girl gave him a look which ought to have stuck at least four inches out of his back. It didn't bother him enough to give him the shakes. At The Dancers they get the sort of people that disillusion you about what a lot of golfing money can do for the personality.

RAYMOND CHANDLER

THE LONG GOODBYE

The first time I laid eyes on Terry Lennox he was drunk in a Rolls-Royce Silver Wraith outside the terrace of The Dancers. The parking lot attendant had brought the car out and he was still holding the door open because Terry Lennox's left foot was still dangling outside, as if he had forgotten he had one. He had a young-looking face but his hair was bone white. You could tell by his eyes that he was plastered to the hairline, but otherwise he looked like any other nice young guy in a dinner jacket who had been spending too much money in a joint that exists for that purpose and for no other.

There was a girl beside him. Her hair was a lovely shade of dark red and she had a distant smile on her lips and over her shoulders she had a blue mink that almost made the Rolls-Royce look like just another automobile. It didn't quite. Nothing can.

The attendant was the usual half-tough character in a white coat with the name of the restaurant stitched across the front of it in red. He was getting fed up.

'Look, mister,' he said with an edge to his voice, "would

『逢えないままに』

私がテリー・レノックスを初めて目にしたとき彼はザ・ダンサーズのテラスの外に停まっているロールス・ロイスのシルヴァー・レイスの中で酔いつぶれていた。その車をそこへまわして来た駐車場の係員はドアを開いたまま押さえていた。なぜならテリー・レノックスの左脚はまだドアから外に垂れ下がったままで、自分に左脚があることをレノックスは忘れているかのように見えたからだ。若く見える顔だが白骨のような白髪だ。完全に酔いつぶれていることは目を見ればわかった。しかしそんな目を別にすると、こうして酔いつぶれるだけのためにある店にディナー・ジャケットであらわれて飲みすぎたという、よく見かける若くていい男のひとりにすぎないように見えた。

彼の隣には若い女性がひとりいた。美しい深みのある赤い髪で唇には心ここにあらざる風情の微笑をたたえ、肩にはおった青いミンクのせいでそのロールス・ロイスはありきたりの車に見えかねないところだったが、けっしてそう見えていたわけではなかった。この車にかなうものはなにひとつないのだから。

駐車場の係員はよくいる半端に強がった口をきく男で白いコートの胸に店名が赤い糸で刺繍してあった。彼はうんざりした様子だった。「ちょっと、だんな、ねえ」と険のある声で彼は言った。「脚を車んなかへ入れてやってよ。ドアを閉めるんだからさあ。それともドアを全開にしとけばだんなは車から落っこってくれるかい」

そのときの彼女の視線が短刀であったなら、彼の胸に突き刺さった切っ先が背中から四インチは飛び出るような視線を彼女は彼に向けたが、彼は動じることなく平気だった。ザ・ダンサーズの客はかねまわりの良さが人の性格をいかに歪めるかの見本のような人たちで、彼は店の客にはすでに充分に幻滅していた。

（片岡義男・訳）

『さよならは一度だけ』

テリー・レノックス——わたしが初めて目にしたときも、あいつは〈ザ・ダンサーズ〉のテラスの外に停められたロールズロイス・シルバー・レイスの中なんかで酔いつぶれていた。駐車場から車を出してきた係員がドアに手をかけて半開きのままにしていたのは、テリーの左足が置き忘れられたみたいにまだ車からはみ出していたからだ。顔を見るかぎり若いようだが、髪の毛は真っ白だった。目がすわっているのを見れば完全な酔っ払いだとわかるが、それをのぞけばディナージャケットを着こみ、金をじゃんじゃん使わせるためだけに存在するナイトクラブで金をじゃんじゃん使いすぎた、ちょっといい感じの若者にすぎなかった。

あいつの隣には若い女がいた。その赤毛は暗い色味がきれいで、唇によそよそしい笑みを浮かべ、ブルーミンクのコートを肩にかけており、これがまたロールズロイス様もそのへんの車に見えかねない代物だ。とはいえ、そうも行かなかった、なにが出てこようと、やはりロールズロイスはびくともしない。

駐車場係は巷によくいるタフガイもどきで、胸にレストランの名前を赤い糸で縫い取った白のジャケットを着こんでいた。いい加減うんざりしたようすだ。

「だんな、すいませんがね」係員は険のある声を出した。「車のドアを閉めたいんで、おみ足を中に入れていただけませんか？ それとも、ドアを開けっ放しにしといて、転がり落ちるほうがお好みで？」

車中の女の目が係員を射抜いた。ぶすりと突き刺さって背中に四インチぐらい飛びだしそうなものすごい眼差しだ。ところが、係員はそんな目にも動じない。なにしろ〈ダンサーズ〉なんかで働いていれば、人間いくらお金に余裕があっても、人柄が良くなるわけではないという残念な例に山ほどお目にかかるのだから。

（鴻巣友季子・訳）

鴻巣　チャンドラーの訳はたいへん難しかったです。

片岡　僕も三行ほど進んだところで、これを訳すのはたいへんだという気持ちになりました。チャンドラーの作品はほぼすべてが訳されているということじたいが驚きです。よく翻訳したものだと思います。

鴻巣　これは悪口ではありませんが、妙に言葉たらずというか、つながりが悪く見えるところがありますね。そこが味なのでしょう。

片岡　音読すると調子はいいですよ。彼が書いた比喩はいまやすべて骨董品ですが、当時はそれがわかりやすかったのかなとも思います。チャンドラーの比喩表現は、いま読むとまったく必要を感じないですね。

鴻巣　そ、そうですか……。今日訳したなかにもふたつみっつ比喩がありましたね。

片岡　ロールス・ロイスに乗っている女性が駐車場の係員を見る目つきの表現に比喩が用いられています。第五パラグラフの The girl gave him a look which ought to have stuck at least four inches out of his back.「彼女の視線が短刀であったなら、彼の胸に突き刺さった切っ先が背中から四インチは飛び出るような視線を彼女は彼に向けた」。しょうがないからこう訳したのですが。これを、みなさんはどう訳したのでしょうか。

鴻巣　清水俊二訳は「娘は彼を背中から突き刺して少くとも四インチはとび出しそうな一瞥《いちべつ》を彼にあたえた」。村上春樹訳は「女は駐車係に、ぐさりと刺さって背中から少なくも十センチは突き出そうな視線を投げた」となっています。チャンドラーは、本当に突き刺さったら背中から飛び出てしまうという、そんな凄まじい視線を書きたかったのですね。

片岡　突き刺さる視線を短刀にたとえたのです。

鴻巣　片岡さんと私の翻訳を見比べると、冒頭からずいぶんちがいますね。The first time I laid eyes on Terry Lennox he was drunk in a Rolls-Royce Silver Wraith outside the terrace of The Dancers. を片岡さんは「私がテリー・レノックスを初めて目にしたとき彼はザ・ダンサーズのテラスの外に停まっているロールス・ロイスのシルヴァー・レイスの中で酔いつぶれていた」。私は「テリー・レノックス——わたしが初めて目にしたときも、あいつは〈ザ・ダンサーズ〉のテラスの外に停められたロールズロイス・シルバー・レイスの中なんかで酔いつぶれていた」と訳しました。

片岡　翻訳とはほとんど創作です。僕と鴻巣さんの訳を見てわかるように、おなじテキストをもとにしているとは思えないですよ。ちがいを探すよりも、似たところ、そっくりの日本語になっているところを探したほうがいいですね。おなじ訳語を使っているとか、言葉の並びがおなじとか、そういった類似点を探してみましょう。

鴻巣　えーと、一行目の「初めて目にしたとき」はおなじではないですか。

片岡　「テラスの外に停め」がまたおなじ訳になっていますね。

鴻巣　これはテラス席のことかと思いましたが。

片岡　テラス席でしょうね。それから「酔いつぶれ」もおなじですね。こうして観察すると、おなじ言葉は思いのほか少ないですね。

鴻巣　車を停めるのも、車を「停めた」にするか「停められた」にするかで迷いました。先を読んでいくと、どうやら車を停めてからいままでに時差がありそうだということが読み取れたので。

片岡　係員がついさきほど奥から車をまわして来たのですから、僕が「停めた」とはしなかったのは、レノックスが「停めた」のではないからです。

鴻巣　「完全な酔っぱらい」と「完全に酔いつぶれている」は、「完全」はおなじですが微妙にちがいます。その他におなじ表現を使っているのは「若い女性」「若い女」の「若い」と、「ディナージャケット」ですね。さすがに、a dinner jacket は今日び「ディナージャケット」とそのままで通じるかな。かつては別の言葉に翻訳したのではないでしょうか。

片岡　略式夜会服かな。似たところを探したら面白いかと思ったのですが、こうも似たところが少ないとは。しかしたまに、驚くほどおなじ訳になることもあるのです。それは、言葉としてもっともふさわしいものを翻訳に使った結果です。ふさわしい言葉には普遍的な性能がありますから。

鴻巣　「女」と「女性」はかなりニュアンスがちがいますよね。「男」にするか「男性」にするか。いつも迷います。

片岡　僕が「女性」としたのは、「女」という言いかたが嫌いだからです。

時間順や位置関係の順序立て

鴻巣　構造的な類似・おなじ処理をひとつ見つけました。片岡さんはThe Long Goodbyeの難しいところはアクションがつながらないところだとおっしゃいましたが、私がいちばん意味が取りにくかったのは次のところです。〈ザ・ダンサーズ〉のテラス席の外にシルバー・レイスが停められている。停められて少し時間がたっているのか、いま停められたばかりなのかはわからないけれど、とにかくテリー・レノックスが酔いつぶれている。

　その次です。The parking lot attendant had brought the car out と続いています。had brought とあるからには、車を出してきたのはストーリーの「現在」より少し前と思われます。車を出してきたのは駐車場係です。係員が車をまわしてきた↓テリー・レノックスが乗りこむ↓しかし足が出たままになっている↓この光景を私が見た、というふうに時間通りに描写せずに、後から説明していますね。そして、he was still holding the door open つまり係がまだドアに手をかけて押さえているとあるので、車を出してからそれほど時間がたっていないことが読み取れます。

The parking lot attendant had brought the car out を片岡さんは意識せずに「その車をそこへ

まわして来た駐車場の係員は」と訳されました。私も「駐車場から車を出してきた係員が」と訳しました。ここは無意識に、「駐車場の係員は車を出してきて」と訳してしまうこともあるかと思います。もちろんアメリカの人ならばどこから車を出してくるのかわかりますが、日本人だと即座にピンと来ないこともある。だから、片岡さんと私は似たような処理の仕方をしています。ポイントは、単語をばらして時系列に沿って組み立て直すこと、日本の暮らしのバックグラウンドを考慮した訳にすることでしょうか。

片岡　もし僕が自分でこの文章を書くならば、時間の順番は次のようになります。駐車場の係員が駐車場の奥へいってロールス・ロイスに入り、そのロールス・ロイスをテラスの外まで運転して来て、降りて、ドアを開いたままにしておく。そこへ、ミンクの女性に支えられてテリー・レノックスが店から出て来て、車の中に入る。酔いつぶれている彼は座席に倒れてしまい、左脚が外に出たままである、となるのです。彼女はテリーの隣にいるわけだから、彼女が先に乗ったのかもしれません。彼女は隣にいると書いてありますけど、彼女がどのタイミングで車に乗ったのかは不明です。

鴻巣　左足が出ているということは、やはり左側のドアから乗ったのでしょうね。女性を先に乗せて、その後係員がレノックスを押し込んだのでは?

片岡　右の後ろのドアから女性が先に乗って、その後レノックスが左から乗ったのかもしれない。左脚が出ているからには、女性が乗ったドアとは反対側から乗ったのでしょう。そしてそこは、テラスの前で道路ではないですから、どちら側から乗ってもいいですね。テラスとの間にはかなり空間があって、どちら側のドアも開けることが出来たと考えればいい。

鴻巣 なるほど。

片岡 あるいは、彼女に支えられてレノックスが出て来て、彼女が先に左側から乗って、それに続いてレノックスも入って来て、酔いつぶれてシートに倒れているので左脚がまだ車の外に出ている。それを「私」が見たのでしょうか。そのような時間順は書かれていません。

鴻巣 名詞とそれを形容しているもの、つまり parking lot（駐車場）と attendant（係員）を分離して、その動作が順序になるように落とし込む、という作業が翻訳のなかで自然におこなわれました。このようなひと手間を省くとチャンドラーは日本語になりにくいかもしれません。

片岡 その通りです。僕は「駐車場の係員は」と訳しましたが、鴻巣さんは「駐車場から車を出してきた係員が」と訳した。parking lot と attendant を分離して訳している。チャンドラーは翻訳家にとっては手間のかかる人です(笑)。

鴻巣 ある種の推理が常に必要ですね。「初めて目にしたとき」「酔いつぶれていた」という描写も、「初めて目にした」はずなのに、その前を見ていたかのように「駐車場から係員が車を出してきて」などと書いているわけですね。いつ見たんだよ、ということになります(笑)。「車を出してきた」ところは「私」は見ていないはずですが、車があって係員がいて客が酔いつぶれているとなると、当然こういう前段が推察される。

片岡 時間順や位置関係、そして「私」のアクションなど、読み手がおぎなわなくてはいけない。

鴻巣 もっと順序立てて書いてくださいよと泣きつきたくなりますね。この「駐車場から車を出してきた係員が」のあたりでもはや、私はチャンドラーって難物だと警戒しました。

片岡　チャンドラーは難物だと思う人は、なかなか用心深い翻訳者ですよ。

鴻巣　いやいやいや。

片岡　でもこんなふうに考えていくと、面白いです。

鴻巣　こんなひと言ふた言の翻訳のなかで、書き手の時間構成の癖がわかるのですね。翻訳をしているとちょっと見方が意地悪になりますね(笑)。

片岡　チャンドラーが好きな人は意地悪なのかもしれないですね。

鴻巣　あるいは細かいことは気にしないか。

比喩のなかを迂回することなく

片岡　チャンドラーでやっかいなのは比喩表現です。第一パラグラフの終わり四行くらいのところ。he looked like any other nice young guy in a dinner jacket who had been spending too much money in a joint that exists for that purpose and for no other.「こうして酔いつぶれるだけのためにある店にディナー・ジャケットであらわれて飲みすぎたという、よく見かける若くていい男のひとりにすぎないように見えた」。これはきちんとした説明ではなく、比喩による表現ですね。

また、隣にいる女性についてshe had a distant smile on her lipsと描写している。僕は「唇には心ここにあらざる風情の微笑をたたえ」としましたが、ここまではいいのです。その後が問題です。and over her shoulders she had a blue mink that almost made the Rolls-Royce look like just another automobile. It didn't quite. Nothing can. ロールス・ロイスがかすんで見えそうな女性、と言っておきながら、でも実際にはロールス・ロイスはあくまでもロールス・ロイスだから、なにとならべてもロールスがかすんで見えることなどありっこない、と自分で言い返しているのですね。おなじくやっかいなのが、さきほど少し触れましたが、女性が駐車場の係員を見るときの視線の描写と、係員が店の客に幻滅している様子の表現です。

鴻巣　片岡さんが比喩が嫌だと思われるのは、どういうところですか。

片岡　比喩のなかを迂回せずに、もっとストレートに書いてくれればいいのに、と感じます。

鴻巣　こういう比喩がチャンドラーの小説にたくさん出て来て、現代の影響力のある作家が似たような比喩を小説に使うようになって、またそこから広く伝播してゆくという図式なのではないでしょうか。片岡さんがお感じになるのは、比喩としていまひとつということでしょうか。

片岡　そうです、比喩として凡手もいいところです。これだけの数の比喩を書いていると、たまにはいいのがあるかもしれませんが、女性が駐車場係員を見る視線の比喩は、なぜこういう比喩を使うのか、と思います。一人称による語りをタイプライターで記述していくとき、合いの手のようにあらわれる作者自身が、比喩なのかもしれません。Iが本来の外側で、合いの手としての比喩は、なに憚ることのない内側である、というような。

鴻巣　えっ？　いまのお話、深遠すぎてついていけませんでした。比喩は合いの手として、書き手の真の内面を表すということですね。「比喩とは真のオルターエゴである」……よく考えておきます。

さて、細かいことですが、もうひとつ共通点を見つけました。片岡さんが「肩にはおった青いミンクのコート」と訳されたところ、私も「ブルーミンクのコートを肩にかけており」と訳しました。二人とも、「コート」と解釈しています。村上春樹訳では、「ショール」としていました。over her shoulders she had a blue mink ですから、コートを肩にひっかけていたのか、ショールだったのか、それはこの先を読んでみないとわかりません。

片岡　ショールではないでしょう。ストールでしょうか。

鴻巣　でも、毛皮ならショールと言いますね。あるいは、小粋にひっかける感じのハーフコートのようなものかなとも思いました。

片岡　きちんと前をあわせてボタンを留める、というようなコートではなくて。

鴻巣　あ、ケープというのかな？　まあ、ここはどちらでも可能ということですね。村上さんは「ブルー・ミンクのショール」。清水俊二さんは「青いいたちの外套」で、さすがに時代を感じます。

片岡　鴻巣さんは、冒頭に「テリー・レノックス」を持ってきていますね。わかりやすくていいと思います。

鴻巣　はい、かなり思い切った訳にしました。テリー・レノックスを最初にもってきてやろうかな、と。これから回想が始まるということなので、これは実験的にやってみました。実際にこの本を訳すとなったらやらないでしょう。また、「彼」を「あいつ」にしてみたのもふだんの私ならやらないことです。

片岡　主人公との関係では、「あいつ」が一番いいかもしれません。冒頭部分のIは、主人公のフィリップ・マーロウです。おそらくこれから事件が起こって、テリー・レノックスが重要な役を果たし、主人公との関係が深まっていくはずです。

鴻巣　回想なので、そのニュアンスを出すためです。また、これから何回も酔いつぶれるので、「目にしたときも」と「も」を入れました。

片岡　それはいいですね。あとの展開にもよりますが。ぜんたいを一度読んだだけでは日本語による表現の方針が、なかなか固まらないかもしれません。翻訳するにあたって、何回くらいぜんたいを通して読みますか。

鴻巣　私はぜんたいは一回くらいしか読みません。訳していく間に前の部分の表現を変えたりはしますけれど。古典の翻訳だと、仕事が来る前に何回も読んでいますね。現代作品だと、最初に一回通読して、よしと思って訳し始めることが多いです。

英語の時間を日本語で表現する

片岡　日本語に訳すということは、単純に言葉を置き換えていくだけではないのですね。時間の順番、動作の順番などが翻訳者の頭のなかで整理出来ていないと気持ち悪いし、それが出来たうえで、日本語の表現として適切なものに書き換えていく必要があります。

鴻巣　英語は時制（テンス）がはっきりしています。現在形と過去形があり、それに未来、推量、完了など様々なモードが付随します。日本語は、時制があるといいながら、英語のような時制ではないので、「○○したあと□□している」などの表現は、厳密に時制といえる働きはしていません。

片岡　言葉にはなっていないなくても、頭のなかには、起こった順番やアクションの順番がありますね。

鴻巣　進行形だから「○○している」、過去形だから「□□した」という翻訳だけでは、英語の時間を表現するのは無理ですね。日本語の語尾の変化だけでは間に合わないときには、その時々で工夫が必要とされますが……。

片岡　『長いお別れ』の冒頭で、一番古い過去は駐車場の係員が車をテラスの前へまわしてきた場面ではなく、テラスの前に「I」があらわれた場面です。しかしこの「I」は、あるときいきなり、出て来ますね。「I」という人が、そこへいつ、どのようにあらわれたのかは、すべて省略されています。

鴻巣　これがフィクションにおけるナラティヴ（語り）のマジックの最たるものですね。語り手がその場に突然あらわれて物語り始めるという。それ以前のことは、言ったことになっている。過去に書いてあるよ、と。

片岡　その通りです。しかし日本語に訳すときには、これが困るのです。

鴻巣　had brought という過去完了形の後、and でつながれて、今度は進行形になっています。車をもってきてから、ドアを押さえている場面までに一体何が起こったのだろう、と読者は考えざるを得ません。係員は he **was still holding** the door open「ドアに手をかけて半開きのままにしていた」のであり、テリー・レノックスも Terry Lennox's left foot **was still dangling** outside「テリーの左足が置き忘れられたみたいにまだ車からはみ出していた」ですから、両者ともドアを押さえ続け、足を外にぶらぶらさせている、という「状態」にすでにあり、しばしの時間の継続が描かれることになります。

片岡　この書きかただと、読者の思い浮かべる景色と、景色が作られていく時間順のアクションが、不必要に何度も前後します。読者としては、起きた出来事は時間どおりに見えるようにしておいてほしいですね。鴻巣さんの「置き忘れられた」という訳は、still の内容を強調していますね。

鴻巣　なんだか不思議な時間の飛躍ですよねえ。dangling という言葉も訳しにくくないですか？

片岡　左脚が車体の外に出ていますけど、脚が水平になっているのではなくて、中空にぶらんと垂れている感じがよく表れている言葉だと思います。脚のどのあたりが外に出ているかにもよりますが、この感じだと膝から下でしょう。

鴻巣　foot は足のどのあたりをさすのでしょう。厳密にいうとくるぶしより下でしょうか。でもそうすると、あまり dangling という感じではないですね。

片岡　難しいですね。やはり膝から下でしょう。駐車場の係員があとで leg と言っています。

鴻巣　そうなんですよ！　だから最初の foot にはやや違和感を覚えますよね。

片岡　車から脚が突き出ていると言うからには、レノックスは深く横たわっていなければなりませんね。レノックスが車の中に入るとき、「I」はレノックスの顔を見ているのです。

鴻巣　あ、だとするとそれも書かれてない過去ですね(笑)。車中の人の様子を一瞬でこんなにクリアに見てとれませんものね。それはともかく、語りの現時点で、「私」は車の正面から彼らを見ているのでしょうか。座席に横になりつつ顔が見えているというのは難しいですね。これはちょっと変だと思うな(笑)、こんなふうに見える角度はないのではないでしょうか。

片岡　この車には屋根がないのかもしれない。

鴻巣　ああ、シルバー・レイスには2シートのコンバーチブル（オープンカー）があるみたいですね。ペーパーバックの表紙もオープンカーです。

片岡　屋根があったら原文に書いてあるとおりには、「I」は彼女を見ることが出来ないかもしれません。

鴻巣　「私」はどのように歩いていったらレノックスと女性を見ることが出来るのか。またいずれ考えてみましょう(笑)。

ほかに訳しにくかったのは、女性の様子の描写です。髪の色の描写に Her hair was a lovely shade of dark red とあります。片岡さんの訳は「美しい深みのある赤い髪」ですね。lovely は shade にかかっているので私は「色味がきれいで」としました。ところで、片岡さんはこのような場合「ダーク・レッド」「ワイン・レッド」「エメラルド・グリーン」などと、カタカナでそのまま書くことはなさらない主義ですか。

片岡 それは時と場合によります。

鴻巣 「翡翠色」と訳したほうがいいときもありますが、訳全体を漢字が邪魔してしまうときもありますね。dark red は、日本語の熟語では「暗紅色」や「暗赤色」という言葉がありますが、この文章には何か合いませんよね。

片岡 そうですね。だから、ごく簡単な言葉に言い換えたほうがいいかなと思います。dark red にも色調が様々にあって、彼女の髪は色合いが美しいようです。作者が「美しい」と書いてくれているから、そのまま訳せばいい。それから、彼女の表情に関する描写があります。

鴻巣 distant smile というのは、最初「他人ごとめいた微笑み」と訳したのですが、「よそよそしい笑み」としました。「他人のふりをしていたいわ」というような感じです。

片岡 「直接には関係ない、傍観者でいたい、私はちがいます」という態度ですね。僕は「心ここにあらざる風情の微笑」としました。

鴻巣 ええ、それこそ風情のある訳だと思います。distant すなわち遠い、コミットメントがない、ということで「距離がある」「よそよそしい」「他人ごとの」「心ここにあらざる」等の日本語が出てきます。

片岡 「はるかなる微笑」です(笑)。これは短篇のタイトルになりそうだ。on her lips ですから、この微笑は唇だけにあるのです。しかし、「はるかなる」では冷たい印象はないですね。

鴻巣 なるほど笑みは口元に留まっている。目は笑っていないでしょうね。

やはりロールズロイスはびくともしない

片岡 第二パラグラフにthat almost made the Rolls-Royce look like just another automobile. It didn't quite. Nothing can. とあります。鴻巣さんは「ロールズロイス」としていますね。僕は「ロールス・ロイス」です。

鴻巣 Rolls-Royceは日本では「ロールスロイス」と一般的に読まれていますが、実際の発音は「ロールズロイス」です。McDonald'sは英語での発音は「マクダーナルズ」ですが、まさかそう表記するわけにもいきません。こういった日本での慣習的な読み方と本当の発音のちがいについて、片岡さんはどうされていますか。発音に忠実に訳そうという方は、baked potatoは「ベイクドポテト」ではなく「ベイクトポテト」と書くなど、厳密にされています。

片岡 「アイスト・ティー」というのもあります。「ハムエッグ」ではいけなくて、「ハムアンドエッグズ」ですね。Rolls-Royceは日本語での慣用のまま「ロールス・ロイス」でいいと思います。

鴻巣 ナカグロもはさんでいますね。ナカグロは時代とその単語の定着とともに取れていく傾向があるように思います。昔はニュー・ヨークと書きましたよね。dinner jacketを私は「ディナージャケット」、片岡さんは「ディナー・ジャケット」。村上さんも「ディナー・ジャケット」ですね。

私は、第二パラグラフでは「ロールズロイス様」と様をつけました。「これがまたロールズロイス様もそのへんの車に見えかねない代物だ」と。ロールズロイスが高級車であることは日本語読者の方も百も承知だとは思いますが、翻訳の処理のひとつの方法として示しました。それほど知られている固有名詞ではない「シルバー・レイス」だけしか出てこない場合には、説明的にならずに、高級でありがたいものだということを表現出来ます。しかも、そこに皮肉の意味を込められる、という一例です。

片岡 その意味では「ロールス・ロイス殿」でもいいかもしれません。

鴻巣 (笑)。「さすがのロールズロイスも」とか?

片岡 その後の Nothing can. は、僕は女性のミンクとロールス・ロイスとの比較で、「この車にかなうものはなにひとつない」としましたが、鴻巣さんは「やはりロールズロイスはびくともしない」ですね。これはいいですよ。

鴻巣 It didn't quite. Nothing can. ここは難所ですね。原文がやけに短いので、長さを合わてうんと短く訳したいところですが、このふたつの短文はよく見ると時制が変わっている。It didn't quite. は物語として状況を述べるナレーション。現在形の Nothing can. は語り手の見解を生の声でちょっと挟んでいる感じ。だから「とはいえ、そうも行かなかった。なにが出てこようと、やはりロールズロイスはびくともしない」と微妙に訳し分けました(笑)。片岡さんはこの二文を「けっしてそう見えていたわけではなかった。この車にかなうものはなにひとつないのだから」とされています。

このくだりは原文のそっけなさ、簡潔さ、目的語すら省略されているようなにべのなさ、そういったものも表現出来ればベストだと思います。

片岡　さすがです。しかしこの原文は、ものの言いかたとしてはひどく陳腐ですね。書いている途中で突然なにかをあきらめたかのような。

鴻巣　ああ、放り出す感じがありますね。それを私（翻訳者）などは「そっけない簡潔な表現」ととりますけど、小説家が見ると「あきらめたような」という言葉が出てくる。面白いなあ。原文のなかの何を尊重するかで翻訳は変わってきますね。意味をとるか、簡潔さをとるか、トーンをとるか。

片岡　ぜんたいの雰囲気ですね。ぜんたいの雰囲気を間違えたらいけないと思います。雰囲気の取り違えがなくて、統一感さえ出してあれば。

鴻巣　私もそう思います。いちばん悲しいのは、細部はすべて合っているのに、組み合わせたときに全体がまちがっているという翻訳です。それは翻訳というより英文和訳かな。

片岡　ディテールをすべて正確に訳すことは不可能でしょう。なぜかというと、正確に訳すためにはたいへんな数の言葉を使わなければならず、過剰な説明が必要になってしまうからです。

鴻巣　村上春樹さんの翻訳は、「とはいえやはりロールズはロールズである」とあり、その後に「結局のところ、それがロールズロイスという車の意味なのだ」とあります。これまた、非常に創作的ですね。

片岡　レノックスについて原文では He had a young-looking face but his hair was bone white. とあります。

鴻巣　髪の色の表現は bone white。骨のような白さということですね。

片岡　単に真っ白としてもよいですし、僕は「白骨のような白髪」としました。これから起こる殺人事件の不気味な予感のようなものが表れていると考えました。鴻巣さんは「髪の毛は真っ白だった」ですね。

鴻巣　村上さんの訳は「酔っぱらった男は顔立ちこそ若々しいが、髪の毛はみごとに真っ白だった」。

片岡　顔立ちの若々しさと髪の毛の白さとを、翻訳として対比させていますね。白い髪が若く見える顔と対比されるのです。

鴻巣　「顔立ち」は子供のときから年取るまでそれほど変わるものではなく、この場合は「顔」でよいのではないでしょうか。どちらかというと、この young は、まだちょっと青臭い顔という意味だと私は考えたのですが、そう書くとやりすぎなので、そうは訳しませんでした。

片岡　そうです。村上さんのは、原文にはない意味合いを加えた翻訳ですね。

鴻巣　何度も読んでいらっしゃるでしょうしね。どのあたりが原文にない表現ですか？

片岡　若く見えること、しかし髪の毛は白いことが、村上さんの訳では非常に強く対比的に表現されています。「顔立ちこそ」の「こそ」、「若々しいが」の「が」、「髪の毛はみごとに」の「みごとに」、「真っ白」の「真っ」。このような日本語にあたるものは原文にはないのです。原文にはないことが、加味された先まわりのように、翻訳されています。

鴻巣　先回りするのは、作家の創作性のなせる技なのでしょうか。

片岡　日本語の基本的な性格によるものでしょう。

鴻巣　日本語は先回りをする、ですか。また考えておかなくちゃ（笑）。

片岡　村上さんの「若々しいが」の「が」は、よくある日本語ですね。「若々しいが」と言うと、髪の白さが、対比されるものとしてほぼ自動的に浮かび上がります。

鴻巣　この時点ではまだレノックスは実際に若いのですが。

片岡　原文のなかに推測した意味をまず自分に納得させるために、このような言いかたになったのでしょう。

鴻巣　そうですね。翻訳者の心理が訳文に出ることはあります。

片岡　「顔立ちこそ」の「こそ」、「若々しいが」の「が」など、創作です。翻訳ではなく。

鴻巣　うーん、そうですか、「こそ」も「が」も原文に含まれているものが訳出されていたように私は思うので……。

原文の受けとめかたからすべては始まる

片岡　それから、村上さんは、駐車場係員の描写 the usual half-tough character を「よくいるうわべばかりタフぶった男」と訳しています。

鴻巣　片岡さんの「よくいる半端に強がった口をきく男」と村上さんの「よくいるうわべばかりタフぶった男」は少し意味がちがいませんか。

片岡　僕はほとんどおなじだと思います。

鴻巣　村上訳では、女性の鋭い視線の比喩のところで四インチではなく十センチに単位を変換している。そして、視線を「投げる」と訳していますね。

片岡　その後のAt The Dancers they get the sort of people that disillusion you about what a lot of golfing money can do for the personality. を村上さんは「金にものを言わせようとしても人品骨柄だけはいかんともしがたいことを人に教え、幻滅を与えるために、〈ダンサーズ〉は、この手の連中を雇い入れているのだ」と訳しています。getを「雇う」と捉えていて、「この手の連中」とはたとえばミンクの彼女のことを言っているように受け取れます。清水訳を見ると、女性が駐車場係を睨んだ後の原文はIt didn't bother him enough to give him the shakes. です。give him the shakesのhimは駐車場係のことで、「駐車場係が多少とも動揺する」という意味なのですが、清水さんは「駐車場係がレノックスをゆりおこす」と解釈しました。さらに、清水さんは「〝ダンサーズ〟では、金にものをいわせようとしても当てがはずれることがあるのだ」と解釈しています。

鴻巣　このgetの解釈がひとつのポイントで、これの主語、動詞、目的語などの訳しかた次第でまったくちがった訳になりますね。村上訳では「金にものを言わせようとしても人品骨柄だけはいかんともしがたいことを人に教え、幻滅を与えるために、〈ダンサーズ〉は、この手の連中を雇い入れているのだ」。清水訳では「〝ダンサーズ〟では、金にものをいわせようとしても当てがはずれることがあるのだ」。片岡訳では「ザ・ダンサーズの客はかねまわりの良さが人の性格をいかに歪めるかの見本のような人たちで、彼は店の客にはすでに充分に幻滅していた」。片岡さんは、getを「雇う」などではなく、「ザ・ダンサーズにいるとこういう連中に出食わす」という意味で訳しているのですね。

片岡 そうでしかあり得ないからです。

鴻巣 しかし、どうしてこんなに意味のちがいが出るのでしょう。

片岡 英語の構文を理解しないままに意味を取ろうとしているからです。構文こそが意味なのですが。

鴻巣 構文を考えてみましょう。At The Dancers は「ザ・ダンサーズという店では」と場所を示します。次に they get the sort of people ですが、まず get を「雇う」と考るかどうかですね。私も「ザ・ダンサーズにはこういう人たちがいますよ」ということかと思ったんです。You get ～／We get ～で「～がある・いる」という口語表現がありますね。この用法、テリー・プラチェットというSFファンタジー作家を訳しているときに覚えたなあ(笑)。問題は、ここは現在形で語り手(作者)が見解を述べているようなのに、主語が they になっていることです。

片岡 「ザ・ダンサーズに行くとこういう人たちが客にいますよ」ということです。そういう人たちが客筋だ、という意味です。どういう人たちかというと、that 以下です。that disillusion you about what a lot of golfing money can do for the personality. 古風で面白いのがこの golfing money でした。「ゴルフその他の遊びにつかうお金」です。また what A can do for B も重要なポイントです。「AによってBがどうなるか」です。この do は抽象的な動詞で、具体的な動詞ではありません。

鴻巣 can はポジティブな意味にもとれるので、村上さんと私はそのように解釈し、村上さんは「お金を使えば人柄まで高潔なものに出来るかのごとく思って散財するが、それは出来ない」という意味で訳しているのですが、片岡さんは「お金を使うことが人格をだめにしてしまう、そのような危険なことが起こりうる」、可能性というよりは危険性で、だいぶ意味合いがちがってきますね。

片岡　ちがいの出発点は原文の受け取りかたにあるのです。

鴻巣　dis+illusion（がっかり）ですので、なにか良いことを期待しているという前提があるのかなと思いました。もう一度、get の解釈ですが……ああ、わかりました。原文では、駐車場係員の目線で描写されていると片岡さんは解釈されたわけですね。

片岡　ザ・ダンサーズに雇われている係員の目から見ると、客にはこんな人たちがたくさんいるんだよ、ということですね。

鴻巣　村上さんはまず女の目線から入っているのではないでしょうか。駐車場係のことを「相手」と言っていますから。目線の向きが片岡訳とは逆なのかな？　女が駐車場係にぐさりと視線を突き刺してやったのに、相手は動揺しない。なぜならば、「金にものを言わせようとしても人品骨柄だけはいかんともしがたいことを人に教え、幻滅を与えるために、〈ダンサーズ〉は、この手の連中を雇い入れている」からです。「この手の連中」は駐車場係のようなザ・ダンサーズが雇っている店員ですね。

なんのためにそういった店員がいるのかというと、いくらお金をつかっても人柄が高潔になるわけではないことを、人々に教えてやるためにいるんだよ、と。ここで言う you はこういうクラブに来る人々のことかな?

片岡　原文の書きかたも良くないですよ。

鴻巣　片岡訳は、that disillusion you の you は一般的な人々をさすのですが、そこをもう一回整理して、駐車場係員に仮託し、係員はもうそういった連中をいっぱい見たので現実をよくわかっている、という文脈を明らかにしてますね。視点が整理されてわかりやすくなっています。

チャンドラーを美しく解きほぐす

鴻巣　本当にチャンドラーを訳すは難しいのですね。

片岡　難しいのではなく、やっかいなのです。

鴻巣　こんがらかった原文でも、こんがらがっていることは明確に示さなくてはならないし。

片岡　ただしこの原文の表現はすべて陳腐なものです。

鴻巣　厳しいですね。たとえば「ザ・ダンサーズには、お金を湯水のごとくつかって人格が歪んでしまったことで人に幻滅を与えるような人たちが出入りしています」といった訳になると興醒めですよね(笑)。そして、係員が平然とした顔をしていることと、At The Dancers 以下の文章がつながらずに終わりがちでしょう。片岡さんは、そこで、じつは幻滅しているのは係員だ、という整理をしたので、理論的につながっています。

片岡　やっかいなチャンドラー訳を鴻巣さんは美しく解きほぐしますね。

鴻巣 そうとう辛かったです。このパラグラフの始まりの主語が the girl なので、誰の目線かわかりにくくなっていますが、片岡訳だと、At The Dancers 以降で急に係員の視点であることがクリアになります。でもよく見ると、前々段落の He was getting fed up というくだりで、係員の心情をすでに代弁しているんですね。直前のセリフも係員のものですから、the girl から始まるパラグラフは係員に引き寄せて読むと良いのかも。女性の睨みは、係員のほうから見て「視線を投げてきやがって」というふうに捉える、と。

片岡 僕は、原文にはない「が」で、ふたつの文章をつなげたのです。駐車場係員の視点でぜんたいを論理的につなげるためです。

鴻巣 そして、この第五パラグラフの最後の一文には、語りにレベルの飛躍がみられますね。ロールズロイスで来ているレノックスも連れの女性も金持ちで、金をたくさん使って酔いつぶれて、係員が困っている。そうした俗っぽい情景……。

片岡 あまり良いお金の使いかたをしていない人たちです。

鴻巣 そんな俗っぽい朝の風景から、急に a lot of golfing money can do for the personality と人格の問題に言及して、disillusion という抽象的な単語もインパクトがある。

片岡 しかもそれは「私」というフィリップ・マーロウひとりの視点からではなく、〈ザ・ダンサーズの〉駐車場係員がこう思っているだろうという推測を「私」が語っているという、やや複雑な構造になっています。

鴻巣 ねじれた重層的な一人称ですね。

片岡　どこにでも自在に入り込み、何でも説明してしまう一人称。たとえば日本の時代小説で、人の内面がいきなり説明されてしまうことがよくあります。

鴻巣　バルザック、それからトルストイぐらいの時代だとそういった手法が見られますね。人の行動を追っていって、作者がその人の内面をどんどんしゃべるという場面があります。スタンダールも、いきなり登場人物の内面描写が始まったかと思うと、おそらくはスタンダール自身の考えを吐露するということをときどきしますね。しかしチャンドラーの一人称は視点の移動を取り入れたやはり現代文学らしいものでは？　語り手（作者）がなんでも覗いて回るのでなく、人物の内側に入ってものを見る。内面視点というのでしょうか。さきほどthey get the sort of people that disillusion you … の主語がどうして you か we でなく they なんだろうと言いましたが、ここ、駐車場係の視点が浸み出ているからじゃないでしょうか。つまり、語り手の声で We got 〜と言っているだけではなく、係員の視点に寄って描出話法的に係員の言い分を代弁している。だから we が三人称の they に変換されている……という説を立てましたが、考えすぎかなあ(笑)。いずれにしろ、チャンドラーはハードボイルド文体の作家で、人物を外側からしか書かないように思いこんでいましたので、意外にもこうした視点考察の機会がもてて非常に幸いでした。

片岡　テリー・レノックスはお金はあるけれどろくでもない世界に住んでいて、したがって夜ごと酔いつぶれているという生活が、こういった視点のとりかたで描かれています。

鴻巣　一ページの三分の二くらいで、チャンドラー翻訳の恐ろしさがわかりました。

その3　J・D・サリンジャー

J.D.SALINGER

A PERFECT DAY FOR BANANAFISH

There were ninety-seven New York advertising men in the hotel, and, the way they were monopolizing the long-distance lines, the girl in 507 had to wait from noon till almost two-thirty to get her call through. She used the time, though. She read an article in a women's pocket-size magazine, called “Sex Is Fun—or Hell.” She washed her comb and brush. She took the spot out of the skirt of her beige suit. She moved the button on her Saks blouse. She tweezed out two freshly surfaced hairs in her mole. When the operator finally rang her room, she was sitting on the window seat and had almost finished putting lacquer on the nails of her left hand.

She was a girl who for a ringing phone dropped exactly nothing. She looked as if her phone had been ringing continually ever since she had reached puberty.

『まるでバナナフィッシュの一日』

ニューヨークの広告業界で仕事をしている人たちがいっときに九十七人も宿泊して電話をさかんに使うものだから、五〇七号室の女性は正午に電話をかけてみようと思って二時半になってようやく電話の空きをみつけることができた。だがそのあいだの時間をまったく無駄にしてしまったわけではなかった。女性向きのポケット判の雑誌に載っていた「セックスは楽しい――でもひとつまちがえればとたんに地獄」という記事を読んだ。そして、櫛とブラシを洗った。ベージュのスーツのスカートにシミがついていたのだが、そのシミを取った。サクスで買ったブラウスのボタンの位置をかえた。ホクロにあらたに生えてきた二本の毛を抜いた。ホテルの交換台がついに彼女の電話をつないでくれたとき彼女はウィンドー・シートにすわっていて、左手の爪にラッカーをほぼ塗りおえたところだった。

彼女は電話が鳴ったからといってそのとき自分がやっていることの手をとめてすぐに電話に出るような女性ではなかった。電話なんて思春期に入って以来ずっと鳴り続けていたかのように、まるで動じなかった。

（片岡義男・訳）

『バナナフィッシュ日和』

（鴻巣友季子・訳）

そのホテルにはニューヨークから来た広告マンが九十七人ぐらい泊まりこみ、みんなして長距離電話の回線を占拠していたから、五〇七号室の娘は電話が通じるまでに正午から二時半近くまで待つはめになった。とはいえ、彼女はこの時間を無駄にはしなかった。ポケット判の女性誌をめくって、「セックスって天国――それとも地獄」なる記事を読んだ。櫛とブラシをきれいに洗った。ベージュのスーツについた染みを落とした。〈サックス〉で買ったブラウスのボタンの位置を付け替えた。ホクロにまたまた生えてきた毛を二本抜いた。ようやくオペレーターが部屋に電話をかけてきた頃には、窓際の造りつけのシートに腰かけ、そろそろ左手のマニキュアが仕上がるところまで来ていた。

電話が鳴ったからと言ってなにかを中断するような彼女ではない。電話なんて年頃になってからずっと鳴っているわよ、という顔で平然としていた。

鴻巣　驚くことに、片岡さんは“A Perfect Day for Bananafish”を翻訳されたことがあるのですね。

片岡　自分ではすっかり忘れていました。

鴻巣　一九七八年に学習研究社が「世界文学全集」全五十巻を出していて、そのうちの「世界中短編集」のなかで『まるでバナナフィッシュの一日』として訳されています。どういう経緯で訳すことになったのですか。

片岡　ある日のこと電話がかかって来て、依頼されたのです。僕は断ったのですが、訳者は会議で僕ときまっていて変更は出来ないというのですから、依頼とは言えませんが。この短篇の舞台になっているホテルはアメリカの戦前の建築だと思います。

鴻巣　「戦争のあいだずっと」という言葉が出てくるので、戦後まもなくの話なのですね。どこで戦前の建築だとわかりますか。

片岡　ぜんたいの雰囲気ですね。人物の動きの周囲に空間があり、その空間が、戦前の建造物のものです。window seat は特徴的ですね。window seat というものをどんな日本語にすればよいか、僕にはわからないのです。窓の内側に造りつけられた、ごく軽く腰掛けるところですね。

鴻巣　窓際の造りつけの椅子で、その下が収納になっていたりするものですね。日本のホテルなどでもたまに見かけます。

片岡　何という日本語にすればよいのかわからないので、「ウィンドー・シート」と片仮名にしました。他のかたたちの翻訳では、皆さん苦労して日本語にしています。たとえば柴田元幸さんは「窓際の作りつけの椅子」としています。

鴻巣　「はじめに」で言及しましたが、龍口直太郎が『ティファニーで朝食を』を訳したとき（一九六〇年）、翻訳書には見開きに割り註がばーっと十個くらいあって、風俗でわからないものはすべて調べて註をつけてくれていました。ティファニーにも割り註がついているって、ジョークのオチを解説するようなものですが。

片岡　落語の「時蕎麦」の蕎麦に註がついているようなものですね（笑）。

鴻巣　はい、そのような大変な時代を経まして、さて、七〇年代の片岡さん訳を開きますと、註だらけということもなく、無理に日本語にしないで「ウィンドー・シート」や「サクスで買ったブラウス」などとそのままカタカナ表記にしています。

片岡　「ウィンドー・シート」は単独では「窓際の席」という誤解をあたえるおそれがありますが、ここでは誤解を生むような文脈ではないので、そのままにしました。

鴻巣　他に私が「あっ」と思ったのは、爪に塗る「ラッカー」ですね。女性だったら自然と「マニキュア」と訳すでしょう。

片岡　ラッカーのほうが正確なのです、塗る液体ですから(笑)。「マニキュア」は、爪の手入れをすることぜんたいを指す言葉です。

鴻巣　そうですね。「マニキュア」がネイル・ラッカーのことを指すのは和製英語ですね。

片岡　「マニキュア液」とでもすれば少しは正確になるかな。僕は「ラッカー」のままのほうがいいと思いました。

鴻巣　いま訳すとすれば、「エナメル」というんでしょうかね？　今回は課題の範囲ではありませんが、あとのほうに出てくる「きれいにメイクされているツイン・ベッド」のところも、カタカナで表現されていますね。

片岡　「ツイン・ベッドの片方」という言いかたを日本語ではしませんね。日本語のツインは単なるふたつで、ひとつずつが対になってふたつ、ではないのです。

鴻巣　She sat down on one of the made-up twin beds ですね。やはりツイン・ベッドの片側、片方とするしかない。

片岡　「思春期に入って以来」と「年頃になってから」の対比は面白いですね。鴻巣さんの訳は彼女に対してほんの少し、気持ちが加担しているように思います。

鴻巣　繊細な洞察ですね(笑)。冒頭の「九十七人」という数字に関してはどうでしょう。私は「ニューヨークから来た広告マンが九十七人ぐらい泊まりこみ」としましたが、片岡さんは

「ニューヨークの広告業界で仕事をしている人たちがいっときに九十七人も宿泊して」、沼澤洽治さんは「ニューヨークの広告業者が九十七人も泊まっていて」ですね。

もちろん、九十七という数字は「多い」という表現ではありましょうが、具体的な数字を表現したいわけではなく、「私三十八回もあなたに言ったわよ」というときのような、ユーモアめいた数字の使いかたかなと思ったんです。百人近い半端な人数を示すことでユーモアを含ませているのかと。フロリダのホテルに、ニューヨークからどっと来た広告業界の人たちが泊まっている、と。

There were ninety-seven New York advertising men in the hotel という原文は、一体どういうことなのか、少し頭を混乱させる文章です。最初、「New York という雑誌の広告部の人たち」なのかと思いましたが、さすがに九十七人もいないだろうと(笑)。日本でも、「汐留の広告マン」といえばある企業の人たちを指すんだろうな、というような、そんなニュアンスだろうかと思い、「ニューヨークの広告マン」。先を読んでいってみると、彼らは出張してきてホテルに泊まっていることがわかるので、「ニューヨークから来た広告マン」としました。

片岡 マディスン・アヴェニューですね。広告業界が急激な上昇を始めた頃です。

記述はだいたいにおいて外側から

鴻巣 the girl in 507 も訳しにくいですね。

片岡　僕の訳は「五〇七号室の女性」ですね。おっしゃるとおり、girl はやっかいな言葉です。

鴻巣　私は「娘」にしてしまいましたが「娘」ではないですね。若すぎる。「若い女」か……いっそ「彼女は」としようかとも思いました。

片岡　作者が girl と言ったからには、そこにはそれだけの意図があると思うべきですね。

鴻巣　the way の使い方ですが、これはどんなニュアンスでしょうか。

片岡　サリンジャーが少しだけ意図を込めて書いているのでしょう。広告業界の人たちがホテルの電話回線をひとりじめにしている様子に関して。

鴻巣　「その電話のつながらないことといったら」という感じですね。

片岡　ひとりじめしている様子ときたら、というニュアンスでしょうか。

鴻巣　She used the time を「彼女は有効に時間を使った」と訳している人はあまりいなくて、片岡さんも私も「彼女はこの時間を無駄にはしなかった」ですね。

片岡　面白いですね。日本人の側面があらわれたのでしょうか。もったいない、したがって、無駄にしない、というような。

鴻巣　時間を無駄にはすまい、という。

片岡　「その時間を有効に使った」というのと「その時間を無駄にはしなかった」では真反対ですね。肯定と否定というか、とらえる方向がまるでちがいます

鴻巣　柴田元幸さんは「そのあいだの時間はしっかり活用した」ですが、これはストレートな訳ですね。片岡さんは『バナナフィッシュ』は訳しやすいとおっしゃっていますが、どのあ

たりが訳しやすいのか伺ってもよいでしょうか。

片岡　時間順に話つまり記述が進み、時系列に乱れがないこと。そしておなじテンポでほどよく前進していくこと。記述はだいたいにおいて外側から、つまり、書き手の視点のとりかたが対象から程よく離れているところからのものです。冷たいというほどではないですが、内面に入り込まずに少し離れている感じがよいのです。たとえば、冒頭の ninety-seven New York advertising men「ニューヨークの広告業界の九十七人」、これを読むと物語の場所がニューヨークではないことがすぐにわかります。

鴻巣　ぱっと位置感覚がわかると。

片岡　はい。外側だけから書いているのではないかもしれませんが、内と外とが混在することによる面倒臭さがありません。ただし、言葉数は多いので、いちいち置き換えなくてはいけないと思うと、たいへんだなとは感じますけれど。

鴻巣　いろいろ細かい言葉が多いですね。あ、私は「スカート」を訳し落としてしまいました。「ベージュのスーツのスカート」ですね。サリンジャーの比喩はどうでしょう。わりと訳しやすいと思いますが。最後にある as if her phone had been ringing continually ever since she had reached puberty など。私は「電話なんて年頃になってからずっと鳴っているわよ」と訳しました。チャンドラーの入り組んだ難解な比喩に比べればずっと翻訳しやすいですね。

片岡　じつに楽です。たとえばチャンドラーの場合、チャンドラーという書き手がいて、いっぽうではフィリップ・マーロウという主人公が、一人称で出ずっぱりで出ています。一人称のIで語らなければいけないのに、作者のチャンドラー自身が、あちこちに語り手として出てきてもいます。

鴻巣　そうでしたね。「サックス」あたりは、高級百貨店サックス・フィフス・アヴェニューのことだな、とわかりますが、いまでもまったく註や説明なしにするのはかなり勇気がいる言葉です。片岡さんは七〇年代にさらっと「サクスのブラウス」と訳し、高級百貨店のなどと説明を加えなかったわけですが。

片岡　原文どおり、という翻訳です(笑)。

鴻巣　そういう場合、どうすればよいのでしょう？　「ミユール」はこの頃日本でも流行っていたらしいので、そういった日本人にもわかるものはよいとして。

片岡　そのままでいいのです。

鴻巣　読者の知識がどの程度で、どのくらい説明しなければいけないのかという一種の強迫観念があって、註でもつけないといけないのでは……と思うのですが。

片岡　翻訳はぜんたいの問題だから、部分はわからなくてもいいのです。

鴻巣　「サックスで買い物をした」ということにはそれなりの含意があるのでしょう。なかには、翻訳は文化やバックグラウンドを訳さなければいけないと思っている方もいます。

片岡　それは思い過ぎです。

鴻巣　翻訳はテクストを訳すものなのですけれど、「サックス」の意味がわかっていれば深く読める、と思う訳者もいます。私はそれほどバックグラウンド重視主義者ではないので、あまり説明は加えないのですが。

片岡　正解です。

鴻巣　ただ、編集者から物言いがついたときに、断乎として反対するほどの気力もないのです（笑）。註をつけてくれとしつこく言われたらつけますね。

片岡　僕も註をつけたことが一度だけあります。註のつけかたが気まぐれだと書評されました。かつてのFM番組の「気まぐれ飛行船」という題名は、ここから来ています。

言葉数の多さでなかば失敗する

鴻巣　「サックスで買ったちょっといいブラウス」とでも、少し加えればいいのかもしれません。今回は「サックス」なのでわかるかなと思い、特に言葉を加えることはしませんでした。しかし、七〇年代の他の翻訳ではサックスに（ニューヨーク五番街の高級デパート）と註釈がついていますね。

もうひとつの方法として、「サックス・フィフス・アヴェニューで買った」とフルネームで書くという方法があります。「サックス・フィフス・アヴェニュー」ではひと言でデパートだとはわかりませんが、「デパートメント・ストア」とか「ギャラリー」など、フルネームにすればどういう場所か見当がつくこともあります。しかし、これでは不自然になってしまうことが多い。日本語の会話で、私たちは「それどこで買ったの？」「高島屋よ」というやりとりはしますが、「高島屋百貨店よ」とは言いません。いわんや、玉川高島屋は「玉高」と略したりするくらいで、「高島屋百貨店二子玉川支店で買った」という人はいないはずです。だから、この女性の目線で書いてある文章や、特に会話のなかでこの方法を使うのは変ですよね。

片岡 そうです。それに（ニューヨーク五番街の高級デパート）という註をつけるのも、まちがいです。原文にSaksとだけ書いてあるのだから、「サクス」とするだけでいいのです。サリンジャーがそう書いたからには、意図があるのですから。書く対象と自分との距離を意図的に取っているのです。書き手が対象と自分との距離を充分に取りたいときは、言葉数が増えます。

鴻巣 なるほど、そうなんですか。女性が暇つぶしに読んだ雑誌記事のタイトルは、片岡さんは「セックスは楽しい――でもひとつまちがえればとたんに地獄」としていますが（笑）。

片岡 ここは遊べると思って、遊んだのでしょう（笑）。

鴻巣 ポケット版の婦人雑誌、というのは煽情的なものですよね。いまでいう『女性自身』とか『女性セブン』みたいなイメージですか。ですから、私はもう少しいまっぽく「セックスって天国――それとも地獄」にしました。

片岡 なかなかです。この時代のアメリカには小型の雑誌があったのですね。代表的なのが“Coronet”という雑誌で、もうひとつ対抗誌があったのですが、何という名前だったかな。

鴻巣 娯楽がテーマで俗っぽい見出しのものですね。
タイトルもいろいろな訳しかたがあります。えーと、柴田元幸さんは『バナナフィッシュ日和』、中川敏さんは『バナナフィッシュに最適の日』、野崎孝さんは『バナナフィッシュにうってつけの日』、鈴木武樹さんは『バナナ魚にはもってこいの日』、沼澤洽治さんは『バナナ魚日和』、橋本福夫さんは『バナナ魚には理想的な日』、山田良成さんはすごくて『ばななうおにはあつらえむきの日』です。

片岡 いろんな言いかたがあるものですね。

鴻巣 もう少し後にいったところに accentuating the line of the moon という文があります。直訳すれば「月のラインをひきたたせるように」ですが、これを片岡さんは「爪のつけ根の三日月のかたちになった部分がよりいっそうひきたつように」と訳されました。どういう風景をさっと思い浮かべられたのですか。

片岡 書いてあるとおりに(笑)。小さい筆で塗るのです。そのことによって月の形を強調するのです。爪のつけ根にある三日月の形のところですね。

鴻巣 そうです。爪のつけ根に甘皮があったりしたら、その部分を押してしまって、ネイルラッカーでハーフムーン型のアクセントをつけるということをしているのですね。

片岡 言葉数が多いと当然のことながら書きすぎる場合があって、そうなると不正確になることがあります。本当はそんなことはありえないのだけれど、書いてしまう。半月が目立つようにラッカーを塗るのは、たいへん難しいことでしょう。ラッカーの色を変えないと出来ないのではないですか。

鴻巣 そうでしょうね、きっと色を変えて上から半月部分だけ別の色のラッカーを塗るか重ね塗りをしているんでしょうか。でも、accentuating the line of the moon だけで、よくそんなに細かくわかりますね。

片岡　爪を塗っている記述は、言葉数の多さでなかば失敗していると思います。

鴻巣　作家が失敗しているというところまでわかる(笑)。作家が失敗していると思ったらどうしますか。

片岡　自業自得ですから、そのまんま訳せばいいのです。

鴻巣　作家の文章の息が細くなっている、なんだか元気がなくなっていると感じることはありませんか。

片岡　途中から感じることはありませんね。息が細い人は最初から細いですし、必ずしも息が太い必要はありません。

鴻巣　逆に、ごりごり書きすぎてうっとうしいという作家はいますか。

片岡　そういう経験はないです。経験じたいが少ないですから。ボブ・ディランの現代詩「タランチュラ」をかつて訳しました。これはそのように書かれた作品の対極にあるものでした。うっとうしい人はいませんでしたよ。

鴻巣　それは幸福ですね。

その4　L・M・モンゴメリー

L. M. MONTGOMERY

ANNE OF GREEN GABLES

Mrs Rachel Lynde lived just where the Avonlea main road dipped down into a little hollow, fringed with alders and ladies' eardrops, and traversed by a brook that had its source away back in the woods of the old Cuthbert place; it was reputed to be an intricate, headlong brook in its earlier course through those woods, with dark secrets of pool and cascade; but by the time it reached Lynde's Hollow it was a quiet, well-conducted little stream, for not even a brook could run past Mrs Rachel Lynde's door without due regard for decency and decorum; it probably was conscious that Mrs Rachel was sitting at her window, keeping a sharp eye on everything that passed, from brooks and children up, and that if she noticed anything odd or out of place she would never rest until she had ferreted out the whys and wherefores thereof.

川の流れは知っているのだろう。（片岡義男・訳）

『少女がここに生きる』

アヴォンリーの中心となる道が下り坂をちょうど降りきって多少の窪地となるところにレイチェル・リンド夫人の家があり、その窪地はハンノキやツリウキソウで縁取られ、小川が横切っている。この小川はずっと向こうにあるカスバートの地所の森から湧き出るもので、この森のなかを流れる源流の部分は複雑で流れは急だ。人目につかず暗く淀んだ深みや滝などもあるが、レイチェル・リンド夫人の住む窪地まで到達する頃には、静かに流れる行儀の良い小さな川だ。彼女の住む家の前を流れるにあたっては、小川ですら礼儀作法をしかるべく心得なければいけないようだ。窓辺にすわった彼女は小川といわず道をいく子供たちといわず、動くものすべてに鋭い視線を向け、なにか少しでもおかしいな変だなと思ったなら、その理由を突きとめないかぎりけっして納得するものではないことを、その小

『夢みるアン』

レイチェル・リンド夫人が住んでいるのは、アヴォンリー街道がちょうど小さな窪地へとくだったあたりで、ハンノキが繁り、その木下《こした》にはツリフネソウが咲き、窪地を横切るかたちで小川が流れており、その流れは、古くからこのあたりに住むカスバート家の森に源を発していた。なんでもこの流れは、森をぬって流れる水源のあたりでは、曲がりくねった急流で、深い木陰に瀞《とろ》や滝をかくしているらしいが、「リンド家の谷間」にさしかかるころには、おだやかで行儀のよい小流となっていた。小川といえどもレイチェル・リンド夫人の家の前を通るには、礼儀作法に気をつけざるをえないのだろう。窓際にすわった夫人が、目の前を通るものは川から子どもにいたるまでなんでも厳しく監視し、もしなにかおかしな点や場ちがいなものを見つけようものなら、なぜ、どうしてそうなったのか調べ回らずには済まないことは、きっと小川にもわかっていたのだ。

（鴻巣友季子・訳）

鴻巣　最近は『赤毛のアン』を下敷きにしたドラマが放映されていますね。『赤毛のアン』は描写から始まりますが、風景描写の翻訳は難しいです。

片岡　アンの現場に関してはいろんな人の著作や写真集がありますから、参考にはなりますね。日本語への翻訳でなにがもっとも伝わるのでしょうか。ここに何種類かの『アン』の翻訳がありますが、読んでみると原文を参考にしながら翻訳者が創作したように感じます。イメージは外国のまま、じつは日本文学になっているのです。僕も、冒頭を翻訳してみて、創作しているような感覚になりました。

鴻巣　一行目の Avonlea という町の規模がまずわからない。

片岡　Avonlea はアヴォンリーと慣用的に書かれていますが、発音はエイヴォンリーですね。なぜアヴォンリーになったのでしょうか。モンゴメリーの創作した架空の町だとされています。場所の説明描写から始まる小説を、僕は好んでいます。

鴻巣　実在してもおかしくなくて、名前だけ変えたとも考えられますね。次に main road の訳しかたに迷いますね。片岡さんは「中心となる道」と訳し、私は「街道」とやや古めかしいです。既訳に影響されたところかもしれません。村岡花子さんも「アヴォンリー街道」と訳しています。

片岡　僕が「街道」でなく「中心となる道」と訳したのは、街道という漢字の外見でイメージを決定させられたくなかったからです。

鴻巣　the Avonlea main road dipped down into a little hollow, fringed with alders and ladies' ear-drops, and traversed by a brook that had its source away back in the woods of the old Cuthbert place となっているわけですが、dip down や fringe をどう訳すか、なぜここで traverse という単語を使うのかなどが、まず難しかったところです。

片岡　dipped down を鴻巣さんは「くだった」とし、僕は「降りきって」としました。a little hollow は鴻巣さんは「小さな窪地」、僕は「多少の窪地」です。hollow は、やっかいな言葉です。それから、fringe はごくふつうに「縁取る」としました。Cuthbert place の place がどういう意味で用いられているか。広くとらえた「地所」の意味でしょう。カスバート家の敷地には森があって、その森のなかに小川の源流があるのですね。

鴻巣　そしてその源流部分は headlong だと。片岡さんは「流れは急」、私は「急流」としました。この辺で英語と日本語の感覚が随分ちがってきます。

片岡　headlong は「先を急ぐ」というような意味ですね。勢いよく流れているのでしょう。

鴻巣　brook（小川）といえば日本語訳者は「春の小川はさらさらいくよ」に出てくる穏やか

な川を連想します。brook から headlong までの距離が日本語にするとだいぶ隔たってしまうので、私は「……小川が流れており、その流れは……」という切り換えを入れました。

片岡 なるほど、すばらしい工夫です。レイチェル・リンド夫人の家の前を流れるあたりで、この小川の川幅や深さがどのくらいになっているのか、よくわからないです。川幅は十メートルくらいになっているでしょうか。作者にとっては自明のことなのでしょうけれど。

鴻巣 窪地を横切る(traverse) というからには、子供が飛び越えられるような細い流れではなく、やや幅がある流れが想起されるのですが……。文を追っていくと、上流のほうで cascade が出てきますね。これは waterfall（滝）と比べてどうですか。

片岡 この cascade は滝ではなく、ちょっとした段差みたいなものでしょう。it was reputed to be という文がありますね。「……と言われて評判になっている」という意味ですが、鴻巣さんは「なんでもこの流れは……」としていて、まさに流れるような訳ですね。

鴻巣 dark secrets の訳しかた、既訳ではみな少しずつちがっているようです。

片岡 with dark secrets of pool and cascade ですね。小川が森のなかで木々に遮られて人目につかず、水が流れからはずれたところでは静かに淀んでいる、そういった感じでしょうか。文字通りの「暗い秘密」があったりするわけではなくて、人の目につかないでいるという意味の secrets ですね。僕は「人目につかず暗く淀んだ深みや滝などもあるが」と訳しました。

鴻巣 私は「深い木陰に瀞《とろ》や滝をかくしているらしいが」としました。中村佐喜子さんは「思いがけないところに淵や滝があったりして」、村岡花子さんは「思いがけない淵や、滝などがあって」です。「暗い秘密」と訳している方はさすがにいないようですね。ある方の訳、これはご自分で改訳されたのでしょうか。たしか以前の版では「秘密の水たまり」と「滝」がある、というふうに pool のみが secret にかかるように訳されていたように記憶しています。

片岡　再話の技術が向上し、再話に関する自分の態度がよりはっきりした、ということではないでしょうか。態度をはっきりさせると、その範囲内で再話していけばいいので、翻訳はそのぶん楽になります。

川の描写が物語ぜんたいの構造をあらわす

鴻巣　再話とは、再び語ること、retell です。つまり距離をきめるという面がありますね。既訳のなかには、昔話のような雰囲気になっているものもあります。

片岡　再話されすぎることの典型のひとつとして、そうなりますね。

鴻巣　『風とともに去りぬ』では、顔の描写を微に入り細をうがっておこないます。女性の顔は起伏があり、流れるものがあり、生え際があり、地形にたとえられることが多いです。翻訳家として私が敬遠する冒頭には二種類あって、それは地形の描写と、人の顔の描写です。つまり、『赤毛のアン』と『風とともに去りぬ』は、私が恐れる始まりかたの代表なのです(笑)。fringe という単語は、日本語だと「縁取られ」くらいしか思い浮かばないのですが、これの翻訳が難しい。呪わしい言葉です(笑)。

片岡　川の流れのfringeとは、つまり縁、あるいは岸ですか。

鴻巣　そうだと思います。が、原文ではon the banks（岸辺に）とは書いてくれませんよね。

片岡　岸と言えるほどには、形態がはっきりしていないのでしょう。

鴻巣　なるほど。遠目に小川を眺めるとき、いきなり両岸がくっきり見えてくるわけではないですよね。何かが両脇から彩られている、という程度のところからしだいにクローズ・アップしていくところで、いきなりon the banksと書くと、カメラが対象に急に寄ってしまって、その中間のことが描けない。そのため、ゆっくりクローズ・アップする装置としてdip downやfringeという言葉が使われるのでしょう。traverseも、その主体と風景との間に語り手がある程度距離感をもっていないと使えない言葉ではありませんか。

片岡　著者が頭のなかにどのような景色を見ているかですね。

鴻巣　さきほどのdark secrets of pool and cascade; に続いて、次の文が来ます。but by the time it reached Lynde's Hollow it was a quiet, well-conducted little stream, for not even a brook could run past Mrs Rachel Lynde's door without due regard for decency and decorum　このあたりになって、やっとheadlongだった流れはquietなstreamになります。well-conducted little streamを片岡さんは「行義の良い小さな川」、私は「行儀のよい小流」としています。

片岡　川幅が広がると川底が比較的平坦になり、川の勢いは少し穏やかになるという自然現象を、作者はレイチェル・リンドおばさんの性格の描写に重ねています。川をごく普通の川として描写しつつ、同時に川の流れの変化が、レイチェル・リンドの性格描写に結びつけてあります。

鴻巣　はい、この川の描写は、物語全体の構造をも表していますね。目の前には穏やかな比較的幅の広い流れがあるけれども、その源流には dark secrets や荒々しい奔流を隠している。それとおなじように、一見穏やかに始まる『赤毛のアン』という小説の奥にあるものを示しています。こうしてみるとやはり名書き出しと言わざるをえません。翻訳者にとっては、名書き出しほど訳しにくいとも言います。

片岡　書き出しの十五行にあたるこの第一パラグラフは、うまいと思います。

鴻巣　風景と人物の二重写しについても、描写と作品内容の両写しについても、非常によく出来ています。けれど、日本語話者にとっては、迷惑なまでにわからん（涙）という（笑）。

一対一で完全に置き換える方法

片岡　訳しにくいのは、こういう場所が日本にないからでしょう。

鴻巣　そうした場合、片岡さんはどんな工夫をしながら訳しますか。

片岡　英語で書かれたものから日本語のものへと、一対一で完全に置き換える方法がありますす。しかし、完全に置き換えると、途中でどうしても置き換えられないものが出てきますから、そこで破綻をきたします。

鴻巣　日本の長良川とか、そういったものをイメージして翻訳しても効果がないでしょう。

片岡　そのとおりです。hollowを「窪地」と訳すか「盆地」と訳すかによってもイメージはまるで変わります。他よりは低くなった、ある程度の広がりでしょう。main roadが下り坂になっていて、下りきったところが他よりも低い土地になっているわけですね。この場合「窪地」としか訳しようがないと思うか、あるいは、そんなことは思わず、「窪地」とはせずにおくか。

鴻巣　「盆地」とすると、もっと広いイメージですね。このあたりの微細な距離感、スケール感が重要になってきます。「川」か「小川」か、「窪地」か「盆地」か。これは結局のところ日本語の問題ですね。

　第一パラグラフは、なかばあたりから次第にレイチェル・リンド夫人の描写へと移り、最後には彼女の目線と心のなかに川が入っていきます。しかし、日本語にしていっそう映える文章にするにはいささか難儀ですね。

片岡　慣れた手順をゆったりと踏んでいますね。しかし日本語にすると、かったるい印象にもなります。言いたいことはいきなり言ってくれてもいいですよ、と注文をつけたくもなります。

鴻巣　日本語の書き手だと、景色の描写をひとしきりおこない、それからおもむろにレイチェル・リンド夫人を登場させるかもしれません。あるいは最初からレイチェル夫人の目線で描写をするでしょう。誰が見ているのかわからない光景を延々と描くことに日本語話者はなにか不安感を抱きやすい気がします。これはフィクションの根幹に関わることですが、いまは深く踏みこむのは控えます。ともあれ、書き出しが「レイチェル・リンド夫人が住んでいるのは」と始まるのに、その直後はずっと風景の描写です。それが再び夫人の心のなかに入ってくるので、日本語にするともってまわった印象を受けるのですね。翻訳者は、この景色と戦わなくてはいけません(笑)。

片岡 全篇にわたってそれに耐えることになります。

鴻巣 『風とともに去りぬ』では、綿花畑の畝を起こしたそのテクスチュアから、それがどのくらいの色合いなのか、赤から茶色までのグラデーションを細か～く、そんなに描写しなくてもよかろうというところまで細かく描写しています。どうしたらよいものかと悩むことがしばしばあります。

すべてを自分の日本語で再現する

片岡 仮に百パーセントの翻訳というものがあるとしたら、自分は何パーセントくらいの翻訳でいくのかと、態度を決めるのです。伝えられるのは七十五パーセントだと決めたら、残りの二十五パーセントは意に介さないことにするのです。七十五パーセントで充分に伝わります。

鴻巣 百パーセントでいこうとして、ぜんたいが伝わらないということは、いわゆる直訳翻訳によくあることなのですが、いちばんかなしいことですね……。

片岡 わずかに十五行ですが、僕が訳していまはっきり言えるのは、僕の翻訳で伝わるのは八十パーセントに届かない、ということです。ということは、八十パーセントを目指したら最初からつらいのです。

鴻巣　七十五パーセントでは全体が伝わらないのではという不安は出て来ないですか。

片岡　伝わるか伝わらないかは、ひとえに翻訳者の日本語能力にかかっています。鴻巣さんのは、がんばって百パーセントを目指した翻訳です。これを続けると倒れますよ。

鴻巣　もう三十年近くこういうふうに訳してきてますから、とりあえず大丈夫みたいですよ（笑）。いちばん考えたところは、小川に traverse されているのはいったい何なのか、どんなスコープで描かれているのかということです。しかし、どの辺に百パーセントを目指したという気張りが見られましたでしょうか（笑）。

片岡　全部です。伝わるのは七十五パーセントだときめて、自由闊達に再話すればいいのです。二十五パーセントはあきらめるのですが、頭のなかにはあるのですから、完全に消えるわけではありません。再話した日本語としては七十五パーセントなのだときめると、楽になります。その楽さかげんを、自由闊達な再話の日本語表現に変えていくとよいと思います。

鴻巣　この前のジェイン・オースティンのときは比較的楽に訳せましたが。

片岡　それは原著の持っている性格によります。ジェイン・オースティンは下世話な話だし、書きかたはうまいから、訳すのは楽です。

鴻巣　片岡さんの訳は、いくら七十五パーセントを目指したといっても、やはりものすごく行き届いた訳です。四隅がぴしっと留まっている感じがしますよ。

片岡　仕事で翻訳したら、もう少しゆるい訳をすると思います。目指さない二十五パーセントは、具体的にどことは指差せないものですが。

鴻巣　たしかに少し緩やかに訳したほうがよい日本語になることがありますね。私の訳は、小川の流れの緩急まで訳すには至っていないなあ。

片岡　日本語によって伝えるわけですから、翻訳文学は日本文学になるのですね。そして、読む人は、イメージとしては外国のものですから、翻訳を読んでいるという意識は持っているはずです。翻訳者の僕としては、自分の日本語で伝えられるのは七十五パーセントだと決めたうえで、自分の日本語で再現するのですから、なおさら日本文学になってしまいます。考えられることをすべて考えたうえで、態度をきめてしまえば、そこから翻訳は楽になります。

文体がひとつ降ってくると

鴻巣　私は、イタコ体質的なところがあって、自分が主体的に再話するという感覚は薄いですね。文芸誌の『群像』で「群像的文体練習」という特集（二〇一二年一一月号）に参加して、レイモン・クノーの文体練習に倣う試みをしました。ひとつのシチュエーションを九十九の文体で書くというあのクノーの伝説的名著ですね。『群像』では、英会話教室の広告文とか枕草子とかマザーグースなどの文章を、歌人の穂村弘さんと小説家の福永信さんと翻訳家の私で、様々な文体で書き直しました。

詩人と小説家という実作者は、他人の文章が先にある場合、それとの距離感をうまくきめないと抜本的には書き変えられない、ということがわかりました。翻訳者の私は、基本的に憑依体質なので、文体がひとつ降りてくるとそれにたやすく支配されます。だから、片岡さんが言う、二十五パーセントで自分の自由さを出す、という意識はあまりないんですね。むしろ文体に完全に乗っ取られてしまう、といった感覚です。

片岡 そういうこともあるかなあ。

鴻巣 たとえば、坪内逍遥訳の『ロミオとジュリエット』文体でやると、私は架空の坪内逍遥になっても平気でいられるのですが、他のお二人は実作者ですから、どこかに穂村、福永を残していて、自分が陰からのぞいているという印象だとお互いコメントされていました。乗っ取られ具合がまったくちがうので、驚きました。二十五パーセントをとっておける素質というのがすなわち作家性ということになるのでしょう。

片岡 良くも悪くも作家であるということですね。実作者には不遜なところがあるのです。不遜なところがないと書いていけないでしょう。だから、実作者がたまに翻訳を試みると、はっきりと態度をきめなければならず、七十五パーセントで充分にいける、ということがわかったりするのです。

鴻巣 私は坪内逍遥文体でいきますよ、と言った瞬間、いきなり「いやさ、文体なんぞにこだわるまいぞよ。その言ノ葉口から出づるや、考えの一歩も二歩も進みゃせぬ」みたいに逍遥の歌舞伎文体になってしまいます。片岡さんはそういうことがない。逆に、片岡さんが翻訳すると片岡文学になるということです。また、片岡義男訳と書いてある時点で、読者が片岡文学として解釈するでしょう。

自分では一生使わない日本語

片岡　サリンジャーの『バナナフィッシュ』は僕の翻訳の典型例です。サリンジャーは訳しやすいですから、九十パーセントくらいは目指せるでしょう。

鴻巣　自分に残す割合が少なければ少ないほどやりやすいということですね。九十九パーセントの翻訳にすると、自分の割合がほとんどなくてスイスイ訳せますか。

片岡　『赤毛のアン』は七十五パーセントほどにして二十五パーセントの余地がないとだめです。それにくらべるとサリンジャーはじつに楽だ、ということです。

鴻巣　私はやはりジェイン・オースティンのほうがまだしも楽ですね。

片岡　オースティンには女性性が表れていますね。サリンジャーは完全に男です。

鴻巣　サリンジャーの書く女性をどう訳すかはけっこう難しそうです。男性が女性を書く場合、女性が男性を書く場合、同性を書く場合、それぞれちがいますね。

片岡　そういうことを考えていくと、日本語が鍛えられますね。

鴻巣　ええ。私は翻訳をやっていなかったらこんなに自分の日本語の語彙は増えなかったと思います。翻訳においては、自分では一生使わない日本語をたくさん使います。訳していると、原文が触媒となって自然と出てきて、不気味に感じるほどです。自分自身の日本語表現も鍛えられます。翻訳者は黒衣だという説が日本では長らく信じられてきましたが、最近では翻訳における創作性、操作性が意識されています。片岡さんの二十五パーセントはある意味、翻訳における操作性ということですよね。

片岡　僕の場合は、翻訳という作業をとおして僕自身の日本語表現が新たに鍛えられることは、ないと思います。

鴻巣　それは、二十五パーセントの遊び（余裕）の部分をつくってそこに退避することが出来るからでしょうか。

片岡　そうです。僕がもっとも使いやすい日本語を使って再話していくので、僕自身の日本語は鍛えられようがないのです。もっとも使いやすい日本語を選び出す選択のうまさは習得出来るかと思いますが、表現能力が鍛えられることはありません。僕は僕でいくしかない、だからこそ、自分の日本語で伝え得るのは七十五パーセントだ、ときめるのです。

鴻巣　さて、『赤毛のアン』第一段落の終盤、レイチェル・リンド夫人の視線下に半ば移行しますが、それでもリンド夫人自身は主文の主語にならず、夫人の頭のなかにあるかもしれない「小川」が擬人化するようにして書かれます。冒頭の書き出しはリンド夫人が主語なのにもかかわらず風景の描写が延々と続き、比喩で人の心や作品の本質が語られ、それは同時にリンド夫人の心境を映しているかもしれない、という複雑さです。しかもこれだけの長さのパッセージをピリオドなしで、カンマやセミコロンでつないで書く。翻訳者いじめです（笑）。

片岡　冒頭の十五行でレイチェル・リンドの性格が浮かび上がるのですが、リンドさんは多くの人が手こずりそうな女性ですね。

鴻巣　何事にも鼻を突っ込むお節介タイプです。でも人は好い。ともあれ、いきなりAvonleaのmain roadとわからないものが出てきても、それでもチャンドラーの描写よりは訳しやすかったです。チャンドラーは時系列と視点が前後し移動するので難しかった。モンゴメリーはロジックで考えればわかります。チャンドラーのあの書きかたが、小説全体が謎を含んだまま終わることにつながるのでしょう。

片岡　小川に沿って窪地を過ぎて、リンドおばさんの家の前まで、矛盾なくたどることが出来ますからね。そしてそこでリンドおばさんを登場させ、川の流れが穏やかになったこととリンドおばさんの性格とを、重ね合わせて語っています。

鴻巣　それにしても、片岡さんの『赤毛のアン』訳文は、片岡文学にはまちがいないですが、いままでのチャンドラーやオースティンとはまたちがいますね。

片岡　自分ではおなじようなものかと思いましたが、やはり作品がちがうと翻訳の文章の雰囲気は変わります。著者が書いていくときに頭のなかにある映像というものが、僕にとっては非常に重要です。『赤毛のアン』は、作者モンゴメリーの頭のなかの映像がつかめなくてやっかいでした。サリンジャーは映像がすんなりと見えて、原文のなかで物事が起こる順番にテンポを合わせて訳していけばよいのです。『アン』は著者の目には見えているはずのものを、具体的に正確に日本語に移しかえることは出来ないところが多分にあります。現地へいってみればいいのかな。

鴻巣　「作家ゆかりの地を訪ねる」みたいな文学紀行やテレビ番組はよくありますが、ヴァージニア・ウルフは初期の評論でそうしたものを批判しました。小説に書かれている土地は作家のものではないし、ましてテレビのものではなく、作品を読んだ人の頭のなかだけに存在するものであり、読者のものであるからそれを壊すようなことをすべきではない、と主張しています。いくら東京やロンドンという実在の場所を書いていても、読者の頭に入った時点からそれはイマジナリーな、架空のものになります。私はいままで、『アン』冒頭部分は既訳でずいぶん読みましたが、その風景がいったいどんなものなのか、翻訳するまではわかっていませんでした。

片岡さん、軽く言いすぎです！

片岡　原著にある外国語の論理や伝えかたの感覚といったものは、日本語にした時点で消えます。それに関して苦しむのは翻訳者だけです。翻訳者の楽しみでもありますけど。翻訳の善し悪しはだから結果として非常に重要なのですね。七十五パーセントでいくとしても、凡庸な七十五ではまったくいけなくて、それはたいへん良い翻訳でなければならない。

鴻巣　ものすごく根本的な話になってきました。

片岡　僕の訳のほうが言葉数が少ないのは、原文通りにしないで、筋道を整理しているからでしょう。

鴻巣　私は、この書き出しは構造が緻密につながっているので、省くことは思いつきませんでした。

片岡　省きようがないのですけれど、原著のなかから翻訳の日本語に使える材料は七十五パーセントだ、とするのです。そして、翻訳者が苦労してひとり受けとめる部分が二十五パーセント。鴻巣さんも無意識にその作業をやっていると思います。

鴻巣　ええ、ただし自分度がやや少なめの十パーセント程度だと思います。また、場所の説明をする文章は比較的言葉数がないとわかりにくい、という経験からこのような訳になったのでしょう。

片岡　昔の、しかもなじみがまったくない土地の描写ですからね。

鴻巣　小川と源流の関係について、私は「その流れは、古くからこのあたりに住むカスバート家の森に源を発していた」としています。目の前の小川から遡っていきました。片岡さんも方向は基本的に一緒で、「この小川はずっと向こうにあるカスバートの地所の森から湧き出るもので」です。

片岡　away back in the woods という部分の away back は著者の意識としては、ある一定以上の距離なのでしょう。

鴻巣　「ずーっとさかのぼったところ」というイメージ。

片岡　『赤毛のアン』が書かれた当時のものの言いかたが、現在では消えている、ということ

もありますね。日本語に訳すとき、基本的にはいま使われている日本語にする必要がありま
す。そのため、原文にある昔の要素は、抜け落ちます。

鴻巣　『アン』くらいの古さであれば、特に古めかしい日本語にする必要はないかなと思いますが。

片岡　『アン』が書かれたのは一九〇八年です。百年前のわかりやすい大衆的な日本語に移しかえるという方法は存在しますが、それは日本のいまの読者にとってはほとんど意味のないことでしょう。

鴻巣　刊行されたときはこれも新刊だったわけですから、新刊本と捉えて翻訳するのがよいかもしれません。さきほど話題に出ました坪内逍遥がシェイクスピアの翻訳を始めたのは明治四十年代（一九〇九年より）です。言文一致体が普及しはじめた頃に、あえて擬古体で訳しました。『赤毛のアン』が書かれたのとおよそ同時代ということになりましょうか。両者が同時代の作品と考えると、ちょっと驚きがありますが。

最後のところ、and that if she noticed anything odd or out of place she would never rest until she had ferreted out the whys and wherefores thereof. は私は「もしなにかおかしな点や場ちがいなものを見つけようものなら、なぜ、どうしてそうなったのか調べ回らずには済まない」、片岡さんは「なにか少しでもおかしいな変だなと思ったなら、その理由を突きとめないかぎりけっして納得するものではない」です。

片岡　この物語は何巻にもわたってアンの成長が描かれるので、本当は全巻を訳さなくては意

味がありませんね。鴻巣さんは全巻の翻訳を試みるべきでしょう。これは真面目に言っています。

鴻巣　そんなっ！　片岡さん、軽く言い過ぎです！　私は、少女が主人公なら『あしながおじさん』も翻訳したいです。『あしながおじさん』は『アン』よりも少しあとで書かれた作品ですが、技術的にもかなり洗練され、どっちにしろ最後は結婚する話ですが、読まれぬ手紙を出し続けるという物語の仕掛けと構造が面白いと思います。

片岡　題名は『赤毛のアン』と訳されていますが、僕は『少女がここに生きる』としました。冒頭で提起した、「翻訳でいったいなにが伝わるのか」という問いがありますが。僕が翻訳したことで、読者に何がどのように伝わるのか、そこにたいへん興味があります。

鴻巣　翻訳では何も伝わらないとも言えますし……。

片岡　そうです、すべて日本語になるのですから。

鴻巣　逆に全部伝わったという暴論も吐ける、かもしれません(笑)。

片岡　はい。基本的には翻訳では何も伝わらないのだけれど、何かが伝わると考えるなら、それはおそらくイメージが伝わるのだと思いますね。読んだ人すべてにおなじイメージが伝わるのではなく、ひとりひとりがそれぞれに、イメージを作ってそれを受け取るのです。ですから本当は、その人が自分で作っているものなのです。

その5　トルーマン・カポーティ

Truman Capote

In Cold Blood

The village of Holcomb stands on the high wheat plains of western Kansas, a lonesome area that other Kansans call "out there." Some seventy miles east of the Colorado border, the countryside, with its hard blue skies and desert-clear air, has an atmosphere that is rather more Far West than Middle West. The local accent is barbed with a prairie twang, a ranch-hand nasalness, and the men, many of them, wear narrow frontier trousers, Stetsons, and high-heeled boots with pointed toes. The land is flat, and the views are awesomely extensive; horses, herds of cattle, a white cluster of grain elevators rising as gracefully as Greek temples are visible long before a traveler reaches them.

『冷血にも』

ハルコームの集落はカンザス州西部の小麦畑の続く台地にあり、カンザス州の他の地域の人たちは「あっちのほう」と呼んでいる寂しいところだ。コロラド州との州境から七十マイルほど東で、厳しさを感じさせる青さの空や砂漠の上空にありそうな透きとおった空気とあいまって、そのあたり一帯は、中西部と言うよりは西部の辺境と呼びたい雰囲気だ。地元の人たちの喋りかたは平原地帯に特有の、牧童によくある鼻にかかったきついもので、男たちはそのじつに多くが、西部開拓時代を思わせる細いズボンにステットソンをかぶり、爪先が尖って踵の高いブーツを履いている。平坦に続く土地は畏怖の念を覚えるほどに広く、馬、畜牛、そして何棟も集っている穀物貯蔵庫が、古代ギリシャの寺院さながらの優美さで白く高く建っている様子は、旅をする人たちがそこへ到達するずっと以前から、その視界のなかにある。

（片岡義男・訳）

鴻巣 この回は片岡さんの翻訳について、私がじっくりとインタビューしたいと思います。さてカポーティの"In Cold Blood"ですが、新潮文庫でふたつの翻訳が出ています。龍口直太郎訳（一九七八年）と佐々田雅子訳（二〇〇五年）です。冒頭は、構造的には概ね同路線で訳されているようですね。片岡さんとの比較ですが、最初に地名の表記がちがいますね。片岡さんはHolcombを「ハルコーム」とされています。龍口さんと佐々田さんは「ホルカム村」としていますが、こちらのほうが発音として正確ではないですか。

片岡 発音の正確さより、不吉な感じの表記にしたかったのです。

鴻巣 つまり、発音ではなく、音で選ばれているのですか。

片岡 「ホルコーム」がもっとも不吉かな、とも思うのですが。

鴻巣 Holcombは素直に発音すれば「ホルカム」または「ホールカム」になるでしょう。

片岡 おそらくそうだと思いますが、現地の人の発音がどうなるかはわかりません。

鴻巣 そうですね。「現地での発音」はやっかいです。片岡訳に字面として不吉な効果があるとすると、これは音引きのせいでしょうか。

片岡　音引きはあったほうがいいと思います。音引きがあると、どこかちがう場所という感じが出ます。「ホルコム」だと四文字の四拍になって、日本語の地名とおなじようなリズムになりませんか。

鴻巣　なるほど、それはとてもよくわかります。以前、アルメニアを舞台にした歴史ロマンサスペンスを翻訳したことがあります。その小説は、「ムサダグ」という山に住民が立てこもって反乱を起こすストーリーなのですね。現地の発音に近い表記は「ムサダグ」だと教わっていたのですが、「ムサダグ」だとむさ苦しいというか、なんとなくエキゾチシズムが感じられない。それは私も四文字表記だからだと気づきました。どのように対処したかというと、あとがきでことわって、「ムーサダーグ」という表記にしました。いま片岡さんに言われて気づきましたが、音引きには、かすかに憧憬の念のようなものをかきたてる働きがあるのでしょうね。

片岡　そうです。音引きひとつで、どこかちがう場所、なにかちがうものを、あらわすことが出来ます。たとえば、「ホテル」と書いたら完全に日本語ですが、「ホテール」と書いたらほとんど外国語です。

鴻巣　それでは何のことかわからなすぎるのでは(笑)?

片岡　昔の横浜で実際にそう表記されていたそうです。外国人が言っている音声に出来るだけ近く表記しただけのものだ、とは思いますけれど。戦後すぐの頃に、ビールが銀座ではビィアでした。

鴻巣　耳から聞いたままの表記。古くからの外国人居留地である横浜ならではのエピソードですね。誕生したばかりのイエス・キリストを拝みにきた三賢者の名前のひとつに、原語の音に近い表記では「バルタザル」という名前があります。これは「バルタザール」と伸ばしたほうが我々にはしっくりきます。音引きには異国情緒がある、ということがいまわかりました。

片岡　だから「ホルコム」にしてしまうと、「アサガヤ」や「オギクボ」とおなじ四文字の四音になってしまうので「ホルコーム」と音引きを入れました。そして音引きを入れた関係で「ホル」のところが少しつまらない感じになったので「ハルコーム」にしました。「ホルコーム」よりも「ハルコーム」のほうが、アメリカの、あっちのほう、という感じがしませんか。

鴻巣　「はるか」という音を微かに想起させるのでしょう。ほんとに不思議ですが、なぜかこの音引きが遠さ、遥かな感じを生みますね。四拍、フォービートというのは、あまりに日本的、日本人にとってしっくりきすぎるのでしょうか。

片岡　そうでしょう。

鴻巣　片岡さんは、ご自身の小説で登場人物に名前をつけるときに、ものすごくしっくりする日本人的な名前はあまりつけないのではないかと思うのですが。どのように考えて名前をつけますか。

片岡　名前をつけるのは難しいですね。男性の名前は普通のものならば基本的にはなんでもいいですけれど、女性の名前は難しいです。女性の名前は、ひと目見ただけで女性の名前だとわからなくてはいけないと思っています、名字と名前のバランスの問題もあります。さらには音も大事です。字面の見た目と音とが、そして彼女の性格とが、いかに調和するか。

鴻巣　作家の創作の過程を想像してみるに、作家は、登場人物にはすんなり、しっくりくる名前はあまり選ばないのではないでしょうか。たとえば「ミチコ」だと納まりがよすぎるけれど、一文字変えて「ミヤコ」にするとかですね。翻訳家からみると、固有名詞は、かすかに抵抗のある音、字面のほうが、惹き付けるものがあるとおもいます。「ホルカム」と「ハルコーム」では印象がまったく異なります。日本語の場合でも、俳句や短歌は五七五のリズムですし、五音は印象に残るなどということと関係があるかもしれません。

さて、冒頭の箇所でもうひとつ問題になるのが、The village of Holcomb の village をどう訳すかです。片岡さんは「集落」と訳しました。他のお二人は「村」です。

片岡　カポーティがどのような意図で village という言葉を使ったのかわかりません。アメリカの田舎の、ゆるい自治体だと推察します。

鴻巣　行政のいう village というものではなく、もう少しゆるいものでしょうか。

片岡　地方行政の小さな単位でしょう。広い平原のなかに家が点在していて、ゆるいかたちで集合がある、というような。ただ「村」と訳すと日本の村を想起させるので、そうはしないほうがいいと思いました。

鴻巣　日本の村の感覚ですと、点在している加減も、アメリカよりも小規模なものを想像しがちですね。『冷血』の舞台はかなり人口密度が低く、かなり広大な空間ですね。

片岡　このvillageはかなり広大で、そこに農家がところどころに点在しています。カポーティはこの事件を取材し、たいへんに綿密な調査をおこなっています。地方自治の行政単位だと思います。townより小さいのです。

鴻巣　villageとくると、日本人は条件反射的に「村」と訳してしまいますが。

片岡　この場合にはそれは避けたほうがいいですね。

鴻巣　Kansasは、「キャンザス」としている訳も「カンザス」としている訳もありますね。また、high wheat plainsの訳も難しいところです。佐々田さんの訳は「小麦畑がひろがる小高い平原」ですが、片岡さんは「小麦畑の続く台地」ですね。

片岡　「小高い」だとすぐに終わってしまいそうな感じがしませんか。もっと大きなスケールのはずですから、しかたなくですが、「台地」にしました。

鴻巣　「小高い」と「平原」を結びつける習慣があるかどうかですね。平原とは「広々とした平らな土地」のことです。「小高い」というと、すぐ出てくるのは「丘」ですね。日本語のなかで漠然と予想される語のつながりというのがあるのでしょう。人の頭にはメールの「予測変換」みたいな機能があって、それをうっすら働かせながらものを読んだり書いたりしているのかもしれません。

ハード・ブルー・スカイという空

鴻巣　今回『冷血』冒頭を翻訳するにあたって、課題と感じたのは、舞台のなかの様々な場所がどのような位置関係になっているかということでした。

片岡　はい。カポーティの叙述を支える論理を理解しようとしましたが、非常にエモーショナルだということがわかりました。心情と感情と論理がひとつになっています。感情も論理ですから。意外に陳腐な言葉で書かれている、ということも発見でした。

鴻巣　私もごく普通の言葉で書いてあると思いました。

片岡　わざとありきたりな言葉で書いてみたのかと思ってもみるのですが、そうでもないようです。

鴻巣　でも、blue skies はありきたりな言葉ですが、ここに hard がつくのはありきたりではないのではないですか。

片岡　hard blue sky で思い出すのは、シャーリー・アン・グローの The Hard Blue Sky という小説の題名です。カポーティが『冷血』を書く以前の、一九五八年の作品です。ブルースカイがハードなのは、よくあることなのでしょう。

鴻巣　ああ、そうなのですか。その小説のタイトルが即座に出てくるのは片岡さんならではですね。

片岡　しかし、おっしゃるように hard は曲者で、hard と書くしかない言葉です。日本語で「青空」と言うと、のどかで優しい青い空を思い浮かべますが、このハード・ブルー・スカイはまったく優しくありません。

鴻巣　だから片岡さんは決して「青空」ではなく「青さの空」なのですね。

片岡　「青空」にしたら、少なくともそれはそこで、おしまいですよ（笑）。

鴻巣　おしまい、ですか……。「目に痛いような青空」とか……「険しい青空」とか……うーん、だめですね。「くっきりとした青空」「抜けるような青空」という翻訳もありますが。ここで、カポーティの言葉のありきたりさにひっかかってしまってはいけないのか……。

片岡　hard の一語が持つ感触は、どの訳にもあらわされていませんね。

鴻巣　私もひっかからないという自信がありません。blue sky を「青空」や「蒼穹」と訳さない自信がないです。多くの日本人は、言葉をまとめると訳文がしまると思っていませんか。「青い空」ではなく「青空」のほうがしまる、と。あるいは「蒼穹」などと訳せば高級に聞こえる、と。大体ですね、解釈に迷うところにくると翻訳者は難しい言葉を使うんですよ（笑）。これは、翻訳者として笑うことが出来なくて、私もやっているかもしれない。

片岡　青さに hard という形容がついているのです。厳しさを感じさせる青さです。あの青さには、たまらないものがあります。圧倒的に厳しい青さです。

鴻巣　harsh のような意味はありますか。

片岡　あります。

鴻巣　単に色合いが soft の逆ということではないのですね。それから、countryside が意外に訳しにくいのですが。片岡さんの訳は「一帯」ですね。新旧新潮文庫は「片田舎」とされています。

片岡　「田舎」でいいと思います。

鴻巣　desert-clear air という表現も、どうして desert と clear がこのようにくっついた形容詞になっているのかという問題があります。

片岡　砂漠の地面ではなく、砂漠の上空にある空気のようにクリアな、ということです。やや陳腐な言いかたかな、と思います。ハイフンでこのようにつなげたところがカポーティなのかな、とも思います。

鴻巣　clear と hard が喚起する、厳しい青空ですね。

片岡　人なんかなんの関係もない、という厳しい青空です。

鴻巣　厳しく澄んだ、ですか。だいぶイメージが湧きます。『冷血』の冒頭は、『嵐が丘』や『アッシャー家の崩壊』と対比しても面白いですね。どれも荒涼としているところでありながら、それぞれちがいます。片岡さんの訳では、その後の事件を予感させるイメージが表現されています。

片岡　冒頭のワン・パラグラフでこれだけの情景を描き出すのは、うまいと言えばうまいです。grain elevators「穀物貯蔵庫」が建っている情景など。

鴻巣　Far West についてはどうですか？　far east 極東と言われれば、我々も極東の人間であって、オリエンタルなイメージが喚起されますが、逆に西の果てというのは、ヨーロッパであれば日が沈んでいくところ、というようなイメージ、黄泉を思わせます。

片岡　北アメリカ大陸において「西」が持つ意味は、ひと言でいえば、まだ開けていないフロンティアのイメージです。

鴻巣　だからここでは「極西部」ではイメージがわきにくいので「辺境」という言葉をもってきたほうがよいということですか。high wheat plainsを「小麦畑の続く台地」と訳したように、語の入れ換えをおこなったんですね。

片岡　新潮文庫では「極西部」と直訳で、この「極」がじつはfarなのだとわかる読者は、いるでしょうか。

鴻巣　ここから後がまた難しくて、The local accent is barbed with a prairie twang, a ranch-hand nasalness, and the men, many of them, wear narrow frontier trousers, Stetsons, and high-heeled boots with pointed toes. ここで人々は実際どういう喋りかたをしているのか。問題はtwangですが、この言葉が出てくるたびに、音声装置か何かくっつけてくれないかなと思います。

片岡　そうですね、鼻にかかった、とよく言いますが、鼻声ともちがいます。鼻声だと、日本語では、風邪にかかったときなどの一時的な声ですから。

鴻巣　続いて、a ranch-hand nasalness, となります。nasalnessという言葉は、鼻にかかった喋りかたというのを別の言葉で表現しているわけですね。片岡さんは二回は訳していらっしゃいませんね。佐々田さんは「地元の訛りには、プレーリーに特有の鼻声と牧場労働者に特有の鼻音が入り交じる」。片岡さんは「地元の人たちの喋りかたは平原地帯に特有の、牧童によくある鼻にかかったきついもので」です。片岡さんはaccentを「訛り」と訳すことについてはどう思われますか？　私も「訛り」と訳しがちですが。

片岡　「訛り」とは訳したくはないですね。要するに、音の出しかたの癖ですからね。

鴻巣　「訛り」というと、ボキャブラリーの差異も含みますね。音の出しかただったら、発声、発話のしかた、ということですね。

片岡　日本語の「訛り」には、標準的な発話法から外れるものすべて、という余計なニュアンスが入り込みます。

鴻巣　また中央の標準語に対して地方の方言という構造を想起させますね。

片岡　ここにはそのようなニュアンスはないと思いますので、「訛り」という訳語は不適当だと思います。

なにからなにまで日本語にはないものを

鴻巣　そして、ここがさすが実感をもって訳されていると思うところですが、barbed「とげのある」という意味の言葉の訳しかたです。私は、「鼻にかかった音が耳につく」と訳そうかと思いました。しかし、「耳につく」だと「耳障り」というほうにも引っ張られてしまう。決して耳に心地よくさらさら流れていくものではありませんが、耳障りだというところまでは言っていない。そうすると、barb のもつトゲ感をどう表現するかということで悩みました。片岡翻訳の「きついもの」はさりげなく実感があると思います。別の方の翻訳を見てみますと、佐々田さんは「プレーリー」とすることで土地柄が出ると判断されたのでしょうね。

片岡 なにからなにまで日本にはないものを、日本語にしなくてはいけないのです。

鴻巣 土地の男たちの服装についてはどうでしょう。narrow frontier trousers は佐々田さんは「開拓地風の細身のズボン」、片岡さんは「西部開拓時代を思わせる細いズボン」ですね。また、帽子は「ステットソン」とそのままです。

片岡 ここは、こうとしか出来ないでしょう。

鴻巣 「ステットソン」のあとに「帽子」をつけるのは、片岡さんはお好きではないですか？「ベレー」と書かずに「ベレー帽」としたり、「マグ」と書かずに和製英語で「マグカップ」と書くことがあります。他にも、シャンパングラスで「フルート」というのがあります。「フルート」で通じる言葉なのですが、わざわざ「フルートグラス」と訳文では書くことがあります。

片岡 それはしません。

鴻巣 ええ、何回か翻訳問答を繰り返してきて、片岡さんは和製英語にしたり、説明を補うのはしないことがわかってきました（笑）。ハドソン川をハドソンリバー川と言うようなものですからね。ただ、さすがに「ステットソン」だけではわかる人は少ないのでは……？

片岡 そこまで心配しなくていいですよ、もっと冷たくなるべきだと思います。それに、わかる人はたくさんいますよ。

鴻巣 まあ、「かぶり」と書かれているのでどこに着けるものかはわかりますね。風景の形容で awesomely extensive とあります。いまは awesome という言葉を terrific とおなじように、すごい、という意味で用いますが、ここでは元の意味での awe、すなわち畏敬の念をおこさせるような、という意味ですね。やはり直後に Greek temples が出てくるので、「畏怖の念」や「恐ろしさ」という言葉を入れたほうがいいですかね。

片岡　要するに、この冒頭部分で言っていることは、この土地柄は全部が怖いということです。空が怖い、空気が怖い、人の喋りかたも怖いし、風景だって怖い。

鴻巣　この awesomely があらわれたあたりから、具体的な風景描写ではなく、さきほど片岡さんがおっしゃったような心情が入ってくるのかもしれません。そして、awesomely に引き出されてのことかもしれませんが、わりかし唐突に Greek temples が出現してきます。カンザスのプレーリーにギリシャの神殿が出てくる。ここはちょっと衝撃でしょうか。

片岡　面白いほどに陳腐ですね。ギリシャの神殿が白く輝いているのは、観光地としてのギリシャのイメージです。しかしカポーティは心情的に書いているので、読者もおなじく心情的に理解しやすいのだと思います。その後のテーマぜんたいが、殺人を犯した二人の青年をめぐる関係者全員の心情であり、作者自身の心情です。『冷血』は心情のドキュメントということになります。

鴻巣　心情が文章に形をとってあらわれている。単に心象風景として読んでしまうのはいけないですか。心象ではない、と。

片岡　ある情景に対してどのように心が動くのか、というのが心情でしょう。

鴻巣　たんに語り手が心のうちを景色に投映させたのではなく、書き手の内面がその風景にふれてどのようなアクションを起こしたか、それが文章にあらわれているということでしょうか。

片岡　冒頭のパラグラフの最後にいきなり traveler つまり旅人が出てきますね。

鴻巣　これはどのような人を想定しているのでしょう。

片岡　カンザスの大平原を旅していると、そこがあまりに広大なので、遠くにはっきり見えてはいるのになかなか行き着けない、ということがあります。その感覚を表現するために旅人を持って来たのであり、それもカポーティの心情なのでしょう。

鴻巣　片岡さんの訳「…穀物貯蔵庫が、古代ギリシアの寺院さながらの優美さで白く高く建っている様子は、旅をする人たちがそこへ到達するずっと以前から、その視界のなかにある」となっていますが、私が訳したら「古代ギリシアの神殿さながらの何々は、旅人がまだまだそこに着かないうちから視界に入ってくる」と訳すと思います。つまり、traveler が動いていることを前提として「視界に入ってくる」と動的に訳すのですが、片岡訳は一幅の絵に収めるような、スタティックな訳ですね。

片岡　ずっと見えているので、自分は動いていても遠くの景色は止まっているように思えますから、そのぜんたいをひとつの絵に収めるような訳しかたになっています。

鴻巣　作者の心情、感情は動いているのでしょうが、風景は静的です。

片岡　そのような動きも含めて、ワン・パラグラフのなかですべてを簡潔に説明する文章だ、ということです。

鴻巣　細かいことではありますが、「ある」と「入ってくる」、このような小さなちがいの集積によって、小説全体のダイナミズムが決定され、静的なナラティヴになるのか、もう少し動きのある語りになるのか、といったちがいが出てきます。龍口訳も佐々田訳も、「入ってくる」と訳しているのは、語りの視点がここに出てきた旅人のものになっているからでしょう。いっぽう、片岡さんは、旅人がそのなかに描かれた絵を外から眺めている、外部の第三者の視点をとっているように思います。一文字二文字のちがいが、決定的な視点の差異を表していますね。片岡さんの訳文は、全体的に視線が引いたものになっていますね。『バナナフィッシュ』も少し引いたアングルから写し取った文章になっていました。視点の移動などをさらっと高いレベルで把握している感じがします。

片岡 原文は画面です。それを僕が外から見ているわけで、翻訳する僕の仕事は、そのなかに入っていくことではありません。

鴻巣 翻訳者のなかには、画面のなかに入り込むタイプの人もいます。私も結構入り込んでしまうほうです。たとえば、描出話法と言われるものを、ほとんど独白のように訳す、そういった流儀があります。それにしても、『ロング・グッドバイ』にはびっくりしました。サリンジャーに自由間接話法的なものがあるとは思っていませんでしたので、翻訳してみて驚きました。

ひとつの画面として捉えると

鴻巣　もうひとつ片岡術を発見しました。viewという言葉が出てくると、一般的に展望とか景観とか光景などと訳したくなります。

片岡　見ているからこそviewなのです。ですからその言葉を、僕は訳しませんでした。

鴻巣　文学座の座長、江守徹は戯曲『アマデウス』の翻訳をしているのですが、そのインタビューで伺ったことで、冒頭のセリフ、歴代の訳ではI sawを「見える、見える、皆さんここに座っていらっしゃる」といった訳だったところを「見える」と訳すのをやめて、「皆さんそこに座っていらっしゃる」から始めたんですって。舞台なので見えているのは当たり前じゃないかという理由で、役者としての身体がそうさせたとおっしゃっていました。「土地はどこまでも開けていた」と言えば、それは見ているにきまっていますね。viewの処理には困ることがあります。

片岡　日本語を無理にあてはめることで、原作者の文章が持つ論理の動きを止めてしまいます。これは翻訳でいちばんやってはいけないことです。文章は言葉が先頭から後ろに向かってひとつにつながっているのですから、言葉をつなげばつなぐほど、先頭は前に向けて進んでいきます。この動きを止めてはいけません。そしてこの動きが書き手の論理なのです。書き手が言葉を選んでつないでいくことが文章の前進力になるのです。その動きを可能なかぎり止めないようにするのが、良い翻訳です。文章の論理をよく理解して、それに反しないように、日本語をあてはめる必要があります。

鴻巣 horses, herds of cattle, a white cluster of grain elevators rising as gracefully as Greek temples を最後に「様子」という言葉でまとめられたところも、おやと思いました。「馬、畜牛、そして何棟も集っている穀物貯蔵庫が、古代ギリシャの寺院さながらの優美さで白く高く建っている様子」とされている。他の訳では、要素を列挙し、現在分詞のところは倒置して名詞にかかるようにしています。全部を言ってから「様子」というクッションがひとつ入るとそこで目が留まって、それこそ様子がまとまりますから、読者の頭に入りやすいですね。

片岡 僕は原文という画面を見ているのですから。

鴻巣 たしかに、「牛馬の群れ、ギリシャの神殿のように優美にそびえる何棟かの白い穀物倉庫が、……視界に入ってくる」としてもよいのですが、「様子」という言葉が入ってくると、カッコがきちんと閉じた感じがします。

片岡 すべて同時に見えているのですから、それはひとつの画面であって、それらが「様子」という言葉に集約されています。

鴻巣 ひとつの画面として捉えると、「ギリシャ神殿のような」という比喩も頭に映像としてすんなり入ってきますね。

片岡 強調してはいけないところは強調せず、強調すべきところは強調して、動きを止めないようにすることが重要です。あるいは、そうした例はあまりないと思いますが、オリジナルいけません。

鴻巣　文章の構造ということでいうと、日本人はセミコロン、コロン、カンマのちがいがなかなかわかりません。

片岡　日本語にないからです。しかしセミコロン、コロン、カンマのちがいにこだわると、文章論理の動きを止めてしまうこともありますから、さほど気にしなくてよいのでは、と思います。

鴻巣　そういったことを一瞬にして考えて翻訳されているのですね。

片岡　日本語には、文章の論理の動きを止めてしまう言葉があります。ごく普通の言葉ですが、それを使うと止まってしまう言葉ですね。たとえば、「〇〇である」「〇〇であった」「〇〇だ」。なかでも「であった」がもっとも強く文章を止めますね。これらの言葉を使っていったい何を言いあらわしたいのか考えてみますと、これらの日本語は状態を表現したいのです。これらの言葉を使わずに日本語の文章を書くのが難しいとすると、日本語は状態の表現が大好きな言語だということになります。「である」「であった」「だ」で止めるたびに、そこまで書いてきたものが、状態となって静止してしまいます。

鴻巣　たとえば「彼はウィスキーを好む」ならば状態ではなく止まらないけれど、「彼はウィスキーが好きだ」は状態であって止まってしまう。もっと言うと「彼はウィスキーを好む人間である」はさらに状態であって止まっている、そういうことですか。日本語は状態が大好き、では、何かを動かす動詞は嫌い（笑）？

片岡 英語も状態は大好きですが、止める言葉があまりないから前へ向けた動きは速いですね。

鴻巣 状態をあらわすときにも stand やここにはまだ出ていませんが expand などの動詞で表現されています。龍口さんの訳では、一行目から「…ものさびしい地域である」といきなり「である」ですね。

片岡 僕は自分で書く文章に「である」は使わないのですが、その理由があらためてよくわかりました。文章の前進力を止めてしまうのが嫌だからです。

鴻巣 エッセイでも書かないのですか。

片岡 使いません。

言葉のならびかたが規定してくる「曲想」

片岡 小説の文章は、便宜上ページのなかに折り畳まれていますが、一本の長い棒です。言葉のつながりによって、先頭はどんどん遠のいていきます。楽譜とおなじです。英語の場合には左から右へ流れていき、楽譜もそうです。

鴻巣 楽譜には、様々な音楽記号が記されています。たとえば、フェルマータがあればそこで延ばすわけです。あるいはカンタービレ――歌うように、リタルダンド――だんだん遅く、など。小説の文章の原文にも、見えないけれどそうした用語のようなサインがひそんでいるのではないでしょうか。だから、片岡さんがさっきおっしゃったように、勝手に加速してはいけないし、勝手に止まってはだめだし、勝手に音を大きくしてもいけない。適切なテンポで進まないといけない。ジョコーソで本気で悲痛になったりしてはそれこそこっけいです。丁寧に原文の言いやパンクチュエーションなどを見ていけばそれが読み取れます。そして、翻訳者はそれを読み取れなければいけないのですが、なかなか難しい。

片岡 そうです。

鴻巣 片岡さんの翻訳ではあまりにそれが滑らかに出来ているので、何から質問していけばよいのか困ってしまうのですが、冒頭の Holcomb からして、片岡さんには「不穏な感じで」という楽想記号がはっきりと見えているのですね。

片岡 「ホルコム」ではそこでなにかが止まってしまうように思います。小説も音楽も前進していくのです。スピーカーから聴こえてくる音は、正面から来ると思われていますが、僕にとっては左から右へ流れていくものなのです。

鴻巣 曲想がわかるのは、全体を読み通してからではなく、この冒頭一パラグラフを読んだだけでわかるのですか。

片岡 ほどよいスピードで読むのですから、わかりますよ。

鴻巣 優れた音楽家が楽譜を見るとある部分でだいたいわかるのとおなじでしょうかね。字、言葉の並びかたが規定してくる「曲想」というものがあると。

片岡 カポーティの場合は心情的で、しかもそれがわかりやすく書かれているので、陳腐な言いかたでも無理なくぜんたいのなかにおさまります。

鴻巣　この『冷血』は訳しやすかったですか？　『赤毛のアン』も場所の風景描写から始まりましたが。

片岡　カポーティのほうが厄介でした。彼が最も興味を持っているのは、ふたりの殺人者たちの心情ですね。いったい彼らが何を考えていたのか、というのがカポーティの心情で、心情の二重構造になっています。殺人者の心情のわかりにくさを、可能なかぎりわかりやすく書こうとしていますが、その二重構造の状態が厄介なのです。『赤毛のアン』はその点は単純です。

鴻巣　森の擬人化や冒頭パラグラフの最後にレイチェル・リンドおばさんの目線とのオーバーラップというのは少しありましたが、こうして見ると、整然とした複雑さでした。

片岡　犯人たちの心情がカポーティにわからなくなる局面があって、そこの記述は、退屈というのでも重たいというのでもないのですが、読みにくいです。心情に踏み込むためにはここまで書かなければいけないのだろうな、と思いました。犯人たちが絞首刑になるまでを見届けなければいけないわけですから。カポーティはこの事件を小説に書きたくてたまらず、犯人に感情移入する一面もあったのですけれど、犯人たちが死刑にならないと書くことが出来ない、という葛藤も体験しています。

鴻巣　カポーティは『冷血』以後、小説が書けなくなったのですよね。

片岡　『冷血』は、カポーティの『クリスマス・メモリー』A Christmas Memory（一九五六年）

とよく似ています。この短編はほとんどカポーティの実体験に基づいていて、幼いころ親戚のおばさんがクリスマスに自慢のフルーツケーキを作っては、大統領にまで送るというストーリーなのですが、構造が『冷血』によく似ています。僕がここで学んだのは、文章は論理であり、そこには前に向けた動きがあるということ、そして翻訳者は、その動きに加工を加えてはいけないということでした。

鴻巣　やはり片岡さんの翻訳観は小説の創作観と重なっていますね。「動きを止めてはいけない」など、文章が要求してくるものを読み取るポイントが、私のような翻訳専業者とはちがうと思いました。

その6　エミリー・ブロンテ

EMILY BRONTË

WUTHERING HEIGHTS

1801 — I have just returned from a visit to my landlord — the solitary neighbour that I shall be troubled with. This is certainly a beautiful country! In all England, I do not believe that I could have fixed on a situation so completely removed from the stir of society. A perfect misanthropist's Heaven—and Mr Heathcliff and I are such a suitable pair to divide the desolation between us. A capital fellow! He little imagined how my heart warmed towards him when I beheld his black eyes withdraw so suspiciously under their brows, as I rode up, and when his fingers sheltered themselves, with a jealous resolution, still further in his waistcoat, as I announced my name.

'Mr Heathcliff?' I said.

A nod was the answer.

『嵐が丘』


一八〇一年——

家主を訪ねて私はいま帰ったばかりだ。この家主は私がこれからかかわり合うただひとりの隣人となる人だ。このあたりはたいへんに美しい。イングランドは広いけれど、世の中の騒がしさからこれほどまで完璧にかけ離れたところに自分は住まいを定めることが出来ようとは。人嫌いにとってこの上ない天国だ。この荒涼たる景色の広がりをわかち合うものとして、ミスタ・ヒースクリフと私は似合いのふたりだ。ミスタ・ヒースクリフは素晴らしい人だ。私が自分の乗った馬を彼の前に進めて、彼の窪んだ黒い目が人に気を許さない様子でさらにいっそう深くしりぞくのを見たとき、そして私が自分の名前を告げると、ヴェストにすでに深く入れられていた彼の手が、用心深く固い構えで更に深くヴェストにもぐり込むのを見たとき、私の気持ちがいかに熱く彼へと傾いたかを、彼としては知るよしもなかった。

「ヒースクリフさん」

と言った私に、ひとつうなずいたのが彼の返答の代わりだった。


（片岡義男・訳）

ひとつうべなったのが、返答代わりだ。

（鴻巣友季子・訳）

『嵐が丘』

一八〇一年――いましがた、大家に挨拶をして戻ったところだ。今後めんどうなつきあいがあるとすれば、このお方ぐらいだろう。さても、うるわしの郷《さと》ではないか！　イングランド広しといえど、世の喧噪からこうもみごとに離れた住処《すみか》を選べようとは思えない。人間嫌いには、まさにってつけの楽園――しかも、ヒースクリフ氏とわたしは、この荒涼たる世界を分かち合うにぴったりの組み合わせと来ている。たいした御仁だよ、あれは！　わたしが馬で乗りつけると、あの人の黒い目はうさん臭げに眉の奥へひっこみ、わたしが名乗れば、その指は握手のひとつも惜しむかのように、チョッキのさらに奥深くへきっぱりと隠れてしまった。そんなようすを眼にしたわたしが親しみをおぼえたとは、あちらは思いもよらなかったろう。

「ヒースクリフさんですね？」わたしは云った。

鴻巣　とてもびっくりマークの多い小説なんです。

片岡　いきなり「一八〇一年」と書いてある。江戸幕府の頃ですよ。

鴻巣　しかも本が書かれた当時から五十年くらい前の話を語っているわけですよね。いまの作家が戦後を書くようなものです。

片岡　刊行は一八四七年です。とはいえ、物語として設定されている時代、つまり一八〇一年のこととして、読まなければならない。そして翻訳するとき、最初に必ずしなければならないことがあります。ぜんたいの調子をどうするか、はっきりきめることです。そこをあいまいにしておくと、訳せば訳すほどたいへんになっていきます。とにかく大切なのは方針を作ること。『嵐が丘』は、読者が読んでいけば「昔」であることはわかるので、「昔」を感じさせる言葉や昔ふうの書きかたはいっさいしない。むしろその反対に、極めてわかりやすい現代語で書く。それが僕のとった方針です。

鴻巣　私の方針は片岡さんと少しちがいます。やはりやや古めかしい文章にしたほうがいいと考えました。というのも、いまから百六十五年前の小説であるからではなく、物語自体が執筆時よりさらに五十年前のことを書いている、という二段階の古さが内包されているからです。原文も、少し古めかしい文体が用いられています。

片岡　ごくすんなりとした古い文章ですね。気取っているわけでも、飾り立てているわけでも、凝った工夫をしているわけでもない。やっかいなことはいっさいしていないです。

鴻巣　どちらかと言うと言葉を節約して書いてあります。効率的というか、エコノミストです。

片岡　そこで僕が考えたのは、現代技術を語るような言葉で訳すことでした。作品のなかにある時間差を考えないことにしました。出来るだけわかりやすく、それから鴻巣さんが言ったように、可能なかぎり言葉数は少なく、しかし著者が言わんとしていることは可能なかぎり伝える。そしてもうひとつ大事なのは、大袈裟にしないこと。大袈裟にするとそのたびに言葉をあれこれ考えなければいけない。この作品の文章は出来るだけ冷静に、平坦にするといいようです。

鴻巣　それは片岡さんの小説のスタイルそのものですね？

片岡　そのとおりですけど、小説を自分で書くのと翻訳するのとでは、かなりちがいますね。

鴻巣　ブロンテはアマチュア作家で、凝った文章はあまり使わないけれど、ときどき妙に難しいことを言います。

片岡　起伏があるというか、跳ね上がるんですね。僕は訳すにあたり、あえてそれを追わないで、抑えて平坦にしました。この小説は一人称で全編が語られているのですか？　僕たちが訳した部分はロックウッドが語っていますね。

鴻巣　実に現代小説的な入れ子の構造になっています。まずロックウッドがいます。ロックウッドが語る物語の中心に、実質上の主な語り手である家政婦のネリーがいます。その物語のなかに皆さんご存知のキャサリンとヒースクリフがいる。そしてキャサリンとヒースクリフの次世代がいます。このように入れ子状になっている。物語は大体が一人称で進行しますが、一人称のなかに三人称が入っている。どういうことかと言えば、ネリーは「私はそう聞きました」と一人称で話しているものの実質上は三人称で物語られるというようなことです。

水村美苗さんの『本格小説』は現代版『嵐が丘』ですが、ロックウッド役に元編集者がいて、その外にもうひとつ作家という存在の枠があるんです。これが水村さんを含む現代小説が必然的に辿る道のりです。フレームが次第次第に重なって複雑になってゆく。それに比べて、たとえばギリシャ悲劇というのは、キャサリンとヒースクリフがいきなり出てくるようなものでしょう。コロスと言われるナレーター集団はいますが、「おお風よ…空よ…」といきなり主人公たちの口によって物語が始まります。『嵐が丘』で考えると、作中人物であると同時にコロスの役割も兼任するのがロックウッドとネリーです。かなり複雑でモダンな構造です。片岡さんは、ロックウッドよりさらに外側にいらっしゃる感じですか？　翻訳を通してもう一人の語り手役をしている。

片岡　翻訳者はそのもっとも外側にいるわけだから、その立場をうまく使ったほうがいいかな。

鴻巣　翻訳者＝作家になれということでしょうか。

片岡　というわけでもなくて、日本語にしていく代行者としての作家であれという意味です。日本語版を預かる代理作者。その代理作者の義務や責任として、やはり方針を作る。たとえば、出来るだけ平たくして語るとか。ちょっと困ったのは、さきほども言ったように、原作には気持ちの起伏がありますよね。ときどき、ひと言ふた言によって気持ちの突出を表現している。でもその突出を忠実に日本語に置き換えると、平坦にした他の部分とのバランスが崩れてしまうのでやっかいです。長い物語であるうえに構造が複雑ですし、語られていくにあたっての独特の調子というものがあります。それを無視することなく、しかも可能なかぎりすっきりさせることで、物語は日本語のなかに浮き上がってくると思います。たとえば鴻巣さんは have just returned from を「いましがた」と訳しています。僕の方針ではここは「いま」になります。それから「the solitary neighbour」を鴻巣さんは「このお方」としている。

鴻巣　読者は私と片岡さんとどっちの訳が正しいのかと思うかもしれないですが、訳者それぞれの方針なので、一貫していればいいんです。

片岡　そうです。『嵐が丘』は物語が長いし、原文もやっかいなので、初めに方針をしっかり作っておく必要がありますね。映画を観ると参考になりますよ。四本ありますね。一九三九年のウィリアム・ワイラー監督のは必見と言われています。一九七〇年のイギリスの作品は、ロケーション選びや時代の雰囲気の出しかたが、高く評価されてます。一九九二年にはアメリカのパラマウントがヨーロッパ製作の第一作として『嵐が丘』を作りましたし、一九五三年にはメキシコでも映画になってます。

鴻巣　私の場合、ロックウッドはわりと早い段階で引っ込むので、方針を作るのはたいへんではなかった。それよりもネリーのキャラクタリゼーションをしっかりすることに難しさを感じました。それまでの『嵐が丘』の翻訳では、ネリーはただのナレーターでキャラが立っていなかったんです。無個性だった。私は、ネリーを主役の一人として訳したのでかなり人物像のケアをしましたが、それに負けないようにロックウッドもキャラクターを立たせる必要を感じた。そこで彼のやや古めかしい言葉プラス都会人の気取りというところに焦点をしぼりました。この当時称号をもつ本物の貴族は都会になんて住んでいません。ロックウッドは貴族というよりは上流階級、ジェントリー階級の人だと思いますが、その都会の新興階級のちょっとした気取りをどう表現するか。それに、物語をどう盛り上げるか。さきほど言ったように、ギリシャ悲劇にたとえたら、この二人はコロスの役割も担っています。コロスは踊ったり歌ったりしながら登場して観客を盛り上げます。そして登場者の気持ちを代弁したり先取りしてばらしてしまったり、あるいは見当ちがいのことを言ったりするのですが、じつはまったくおなじ役割をネリーとロックはしているんです。そこで、やや道化的なほうが面白かろうと、ロックウッドとネリーの口調がきまっていきました。

片岡　気取った若さのような？

鴻巣　うーん、ロックウッドはひと言でいえば「青い」（笑）。青くもあり、人間嫌いで孤独癖を装う、とても人懐っこい寂しがりやさんです。ヒースクリフの根深い本質的な孤独に比べたら、ロックウッドの孤独ごっこなんて、ある意味滑稽でなくちゃならないんです。だから軽くてお茶目な人物にしました。

片岡　物語の上ではロックウッドはすぐに消えるのですか。

鴻巣　その後もときどきは出てくるんです。そして最後にも出てきます。ロックウッドが消えたままになり、ネリーだけで終わっていたら、物語としてもっとアヴァンギャルドになったんでしょうけれど。コンラッドの『闇の奥』なんかもそうですよね。あれはマーロウが大枠の語り手であるように見えて、おなじ船に同乗している「私たち」という聞き役が物語を進めている。『嵐が丘』はそれをもう少し重層化した感じでしょうか。

片岡　翻訳が進むと、立ち上がるべきところは自然と立ち上がってくるだろうし、キャラクターもはっきりしてくるでしょう。でも、半分ほど訳したところでそうなっていないことに気づいたら、たいへんですね。

鴻巣　もちろんそうならないようぜんたいを読んでから訳し始めますけどね。それでも途中で軌道修正することはあります。

片岡　途中まで訳して自分の方針のまちがいに気づいたことが、かつて僕にあったような気がします。短篇でしたけれど。

鴻巣　そういうのって怖いですよね。

片岡　昔ふうな言葉には苦労しました。A capital fellow! なんて、いったいどう訳せばいいのか。

鴻巣　いまはそうそう使われない言葉ですよね。片岡さんが「素晴らしい人」と訳したのに対し私は「たいした御仁」と訳しました。私の前の新潮文庫の訳者だった田中西二郎さんは「いや、すごい男もいたものだ！」。小野寺健さんは「とびきりの男ではないか！」。河島弘美さんは「なんと素敵な男だ」。

片岡　僕は方針どおりです。もっと抑え気味に「いい奴」とか「気に入った」などでもいいかもしれない。ただここでだけ A capital fellow! と叫んでいるからは、作者にはなんらかの意図があるはずです。その意図をくみ取って訳しました。あたりまえのことですが、ロックウッドはヒースクリフを気に入ったということですよね。

鴻巣　気に入ったというか、ヒースクリフがロックウッドに勝手に気に入られたと言うべきか。Mr Heathcliff and I are such a suitable pair to divide the desolation between us. も滑稽ですね。私は「ヒースクリフ氏とわたしは、この荒涼たる世界をわかち合うにぴったりの組み合わせと来ている」としました。ところで、この冒頭はどこか気負った出だしではあります。

片岡　ブロンテは年号をまず書かないと書き始められなかったのかもしれない。よくありますよね、「昭和何十何年」とか、「敗戦間もない頃」とか。そうしないと、作者が物語に入っていけなかったのでしょう。これはロックウッドの日記ですか。

鴻巣　手記みたいなものです。あまり深い意味はなく、当時のイギリスの上流階級の人たちはとにかくたくさん手紙を書いて日記をつけていた。そうした背景からも、ごく自然に〝文をしたためる〟といったものでしょう。手記的な形で物語は始まるものの、冒頭部分以外は日付が伏せられている。ところが整理して書きだしてみると、きちんと整合性が取られているんです。「何ヶ月後」や「一七××年」という書きかたで時間軸が垣間見れる所もありますね。

片岡　それを聞いただけでも、この作品はいろいろと複雑ですね。僕が自分の方針に従うなら、やはり読んでいる人が抵抗を持つような日本語を使いたくないです。しかし『嵐が丘』に関してはそれも難しいだろうな。鴻巣さん、たいへんでしたね、よく訳しましたねえ。

どう訳すも訳者の「自由」です

鴻巣　これよりもヴァージニア・ウルフの『灯台へ』のほうがたいへんでした。いま思うと『嵐が丘』はまだやさしかった。

片岡　そうですか。

鴻巣　訳している当時はひぃひぃ言っていましたけど(笑)。『嵐が丘』はまだ「意識の流れ」という概念が出てくる前なので文章がある意味クリアです。同時代の作家でもアメリカのポーはアラベスクな蛇行をしながら真理のなかに入っていく複雑な印象があります。さきほども言ったように、ブロンテは文章に対してエコノミストというか合理的なので、あまり余計なことはごちゃごちゃ言いません。ただ文中に起伏やでこぼこはどうしてもあります。

片岡　そういうでこぼこも、僕はならして平坦にしてしまおうとする。いけないことかな。

鴻巣　どう訳すもある意味、訳者の自由です(笑)。ただ片岡さんくらいの人じゃないと、そのやり方は出来ませんねえ。片岡さんのはいわゆる直訳調といわれる本当にフラットな訳です。でもふつうの人が訳すとそうはいかない。私の持論ですが、翻訳ものは訳しただけで原文より三割は難しくなります。たとえば原作の難度が「五」の作品だったら、たんに翻訳すると「八」くらいの難度になってしまう。

片岡　それはたいへんだ。

鴻巣　『嵐が丘』を仮に、十段階で「八」の難しさとすると、翻訳したら難しさが「十」を通り越して「十二」になってしまい、オーバーフローです。ようするに、難解さの針が振り切れて、単なる支離滅裂な文章になってしまう。ふつうの人が「直訳」するとそうなります。

片岡　言葉ひとつひとつを忠実に訳すと、ぜんたいの流れが悪くなり、そのぶん難解に感じるのでしょう。

鴻巣　そういうことです。片岡さんのようにこれだけフラットにして、なおかつ読みやすい文章であるというのは相当技術が高くないと出来ません。私も、これより以前の『嵐が丘』の翻訳本に比べれば飾り気のない訳にしたつもりですが、それでも片岡さんほどフラットにするのはなかなか勇気のいることだと思います。大家《たいか》の方でも、解釈があやしい所は文飾をするんです。難しい日本語や麗々しい言葉を使ったりして目眩ましをする。私も翻訳者なので見ればわかります、わが身を顧みるわけです。そういう文飾をまったくしないで、片岡さんの訳はこんなにシンプル。しかも私と片岡さんの訳文の構造は驚くべきことにあまりちがわないですよね。

片岡　文章の構造は尊重しつつ、日本語の調子を一定の平らさに保ちながら、言葉を置き換えていく、という方針に従ったらこうなったのです。

鴻巣　冒頭の I have just returned from a visit to my landlord で visit という言葉を多くの訳者は、片岡さん含め「訪ねる」と訳しています。私は「挨拶をする」と訳しましたが「visit」を「挨拶をしに行く」とするのはどうでしょう。

片岡　いろいろ考えられますよ。ここでは初対面での visit ですからごく普通に「会いに行く」という意味合いでしょう。

鴻巣　visit と「挨拶」の間に隙間があると感じ、隙間＝意訳だと感じる人もいるかもしれませんが、私は意訳とは思わないんですよ。むしろこの文脈では「挨拶」という意味に規定されるように思います。英和辞書の visit に「挨拶にいく」という意味は載っていないかもしれませんが、visit と言ったら、to pay a call on as an act of friendship or courtesy、社交の一環としてちょっと家に寄るという意味も英英辞書にはありますね。「挨拶がてらお伺い」というやつです。私も隙間のないよう私なりに直訳をしているつもりなんです（笑）。

片岡　冒頭の部分で鴻巣さんは「私は」と訳されていませんが、どうしてですか。

鴻巣　さきほども言ったように、ここは手記ですから「私は」としませんでした。つまり、日本語の場合「私はいま帰って来ました」とは日記には書かないだろうと思って。

片岡　たしかにここでの「私は」は、なくてもいいと思います。一人が語っているわけではないので。あってもいいし、なくてもいいと思います。できるだけ早い段階で「私」を出すことで、これは「私」が語る話なんだな、ということが読者にわかる効果があるだけです。

片岡 田中西二郎さんの訳は「僕」で、小野寺健さんは一人称なしですね。

鴻巣 翻訳者としては面白い材料ですね、こんなふうに翻訳に幅が生まれる物語は。

片岡 作品として、やはりとても面白く出来ていますよね。

鴻巣 ふと想像するんです。他のことにいっさい煩わされない自分ひとりだけの生活があり、仕事として翻訳だけをやっている生活は、たいそう静かでいいだろうなあ、と。鴻巣さんは『嵐が丘』の翻訳をしていたとき、家庭や家族のことはどうしていたんですか。

片岡 この新潮文庫の訳本が出版されるとほぼ同時に子供が生まれたのですが、訳し始めたときはまだお腹にもいなかったんです。で、夫ひとりなら大人ですし、放っておいても大丈夫というか、生きてはいけますので(笑)。

鴻巣 日常生活は可能なかぎりすっきりしていたわけですね。

片岡 その頃は夫も仕事で夜十時より前には帰って来なかったんです。書評などの仕事もそんなになく、朝から晩まで翻訳にかかりきりでした。

鴻巣 僕は冒頭を訳しただけですけれど、家族がいていろんな用事があり、そのうえにこの翻訳の仕事が乗っかって、果たして集中出来るだろうかと思いました。翻訳は集中したほうが楽しいです。仕事は翻訳だけで、一日に十数時間をそれに当ててもいい、というのが理想です。

片岡 さて、二文目の trouble を私は「めんどうな」と訳し、片岡さんは訳していないですね。

他の方は「厄介な」とか「うるさい」と訳しています。

片岡　それは「trouble」という言葉に引きずられているからでしょう。

鴻巣　私は「関わりあう」とか「かかずらう」とか、なにかこうtroubleとは言いながらも、ロックウッドが嬉しがっている印象を受けました。

片岡　troubleという言葉を見たとき、深刻に受け取りすぎるのではないかな。これはいわゆる「トラブル」なのだ、というふうに。しかしけっしてそうではなく、訳さなくてもいいような軽い言葉は、たくさんあるんですよ。

鴻巣　片岡さんは、botherとおなじくらいの意味合いで捉えたんですね。

片岡　初対面で、しかもごく軽く会っているだけなのですから。

鴻巣　ただshall beとあるように、今後のことを匂わせるものでもあります。

私のほうはちょっと深彫りしているかな

片岡　ここからの展開のなかで、たいへんなことになるのですか？　ロックウッドとヒースクリフが喧嘩をしたり。

鴻巣　それはもう(笑)。ポーの翻訳をしたときも作者の癖を感じましたが、ポーは過剰な装飾が多いですね。ある意味では「下手」な部分もある。私がよく考えることに〝下手さの翻訳〟というのがあります。片岡さんは作家なので、ここは抑えておこうとかここはもう少し膨らませてやろうというのが、自動的に出来る。でも私は職人なので出来ないんです。目立ったところがあれば目立つようにしか訳さない。へこんでいる部分はへこんだようになります。

片岡 僕は僭越なのかもしれない。頭のなかで添削しながら訳しているから。

鴻巣 話を戻すと、この trouble を「めんどう」として訳さないとなると、「今後近所付き合いをするはめになるのは…」くらいでしょうか。あくまで、ロックウッドは孤高の精神を持って荒涼たる地にやってきて気取って孤独を楽しむつもりでいるので、人と接する事はやはり彼にとって trouble だと思うんです。「ここまで田舎に来てしまえばわずらわしい人は誰もいないだろうが、まあでも少しは付き合ってやらにゃいかんのはこの人だ」くらいのものでしょう。ただ、どうやらこの人は「やらにゃいかん」と嫌々なニュアンスを微かに漂わせながらも嬉しがっているようですが。人付き合いというのは面倒なんだという気持ちは確かに滲み出ていると思います。片岡さんがさきほど述べられたように作者がたぶん無意識のうちに少し先取りをしているのでしょう。私もそのムードにつきあっています。

次の the solitary neighbour のあたりも私と片岡さんの私の訳はちがいますね。私の「このお方」に対して片岡さんは「隣人となる人」と訳しています。

片岡 僕はフラットに方針が統一してあります。フラットにしておくと解釈が余計なところまで拡がらないから、楽なのです。

鴻巣 私のほうはちょっと深彫りしているかな。階級制度が難しいことも関係しています。ヒースクリフは元々土地も財産もないみなしごです。まず、公侯伯子男の下にジェントリー階級というのがあって、そこにバロネット、ナイト、スクワイア、ジェントルマンという階級がありますね。この次のページくらいに「土地付きのスクワイアくらいの貫禄がある」という文が出てくるので、ロックウッドからすると土地の名士に見えているはずです。少なくとも、ジェントルマンかそれよりも少し上に見えている。ロックウッドの立場がこれまた難しくて、無職ではないけれど爵位もないと思います。もし爵位があったら独りでこんなにぶらぶらできませんからね。貴族は公務もあり、広大なカントリーハウスに住んで、狩猟だポロだと真剣に遊ばないといけません(笑)。

片岡　ここだけで判断すると、ロックウッドは自由業の人に思えますね。

鴻巣　高等遊民って感じでしょうか。ロックウッドがヒースクリフに初めて会ったときの文は、ヒースクリフは土地を持っている大家さんで、貴族には見えなくともそれに準じる貫禄は持っているな、ととりあえず少しヒースクリフを持ち上げている感じがします。

片岡　それははっきりあらわれていますね。どこにそう書いてあるのかと聞かれると困るのですが、不思議とわかります。その時代に生きた人が、その時代のことを書いているから、具体的な言葉を使わなくても伝わってくるのだ、と考えていいのでしょうか。

鴻巣　ロンドンから来たロックウッドはそれなりの資産持ちのジェントリー階級くらい。口うるさい母上がいるようです。

片岡　ふたりのあいだにある高低差というものは、ここだけ読んでもよくわかります。ふたりが対等ではないことが。

鴻巣　一方、ロックウッドがヒースクリフを若干見下しているようなところもあります。見下しているというか判断保留している段階ですね。自分のなかでどこにも分類できない人。ようするに、大家だから地主階級だろうというのはわかるし、年は相手のほうがずっと上だから丁寧に話すけれど知り合ってみると、彼がいままで会ってきたどの人間の分類のなかにも入らない。

少し先のほうに進みますと、嵐が丘に入ったときこんなシーンがあります。「家もしつらえも、素朴な北国の農夫の持ち物とするなら、なんの変哲もないものなのだろう。そう、強情そうな面構えに、膝切りのズボンとゲートルという恰好で引き立つ、屈強そうな体つきである。そんな人間がいつもの肘掛け椅子に腰を据え、目の前の丸テーブルに泡の立つエールのマグを置いている姿などは、この丘陵のぐるり五、六マイルでは、夕食後のしかるべき時間を選べば、どこでも見られるはずだ。ところが、ヒースクリフ氏はその住処とも生活様式とも、著しいコントラストをなしていた」。生活様式としてはよくある土地持ちの名士の生活をしているようだが、どうもイメージがどんぴしゃの所にはまらないということなんでしょうね。「風貌は色の黒いジプシーのようだが、装いや物腰はジェントルマンである。カントリースクワイアの大方に引けをとらない紳士という意味である。身なりはだらしない部類だろうが、背筋のすっと伸びた男前なので、衣類に構わなくても不体裁ではない」。パズルのピースをどこに入れようかという感じですね。とりあえず大家さんということで下手に出て恭しく接しています。

片岡　This is certainly a beautiful country! の certainly を鴻巣さんは「さても」と訳していますが、僕としてはここも平らにしたい。それから beautiful country の「うるわしの郷《さと》」も。鴻巣さんは「さても、うるわしの郷ではないか！」としましたが、僕は「このあたりはたいへんに美しい」としました。このへんが鴻巣さんと僕とで決定的にちがうところですか。

鴻巣　片岡さんは、びっくりマークもなしですね。

片岡　びっくりマークを僕は省くことにしたのです。

鴻巣　それはまた、どうしてですか。

片岡　びっくりマークが多いのは、どんな文章にせよ、あまりよくない文章だと勝手に思ってますから。

鴻巣　この原文は本当にびっくりマークが多いので、「鴻巣さんが訳文で入れたの？」と言われてしまいました。私はむしろ省いたくらいなんですけどね。そのへんの力みも、作者のアマチュアっぽさかもしれませんね。

片岡　鴻巣さんの「さても」はどのようにして浮かんでくるものなのですか。

鴻巣　certainly は「本当に」「たいへんに」という意味ですが、certainly とびっくりマークのコンビネーションから「さても」と勢いづける言葉になった気がします。訳文のトーンがきまると、あとは自然に言葉が降りてくるので、私にもわかりません（笑）。

片岡　興味深いですね。びっくりマークひとつが、その前後の言葉と融け合って翻訳者の頭に入り、化学変化を起こして日本語になって出てくる、という事実が。びっくりマークそのものは省かれるけれど、言葉としては表現されている。これはすごいことです。そういうことが起きているのだから、翻訳を読む人は得してます。

鴻巣　翻訳には無限の選択肢がありますからね。

片岡　原文はひとつしかないけれど。

鴻巣　翻訳は無限のバージョンを作ることが出来る。

マイナスの美学という点で見ていくと

片岡　鴻巣さんの翻訳が出版されたばかりの頃、最近いい翻訳はありますかとある編集者に聞かれたので、『嵐が丘』の新訳が出たから読んでごらんと言ったのです。すぐに彼から「すごく面白かった」と電話がかかってきて、「アメリカン・ニューシネマみたいだ」と言っていました。

鴻巣　それは…とても光栄です(笑)。「明日に向って撃て!」とか「俺たちに明日はない」とか私大好きでした。

片岡　どういうところがアメリカン・ニューシネマなのか詳しくは聞いていないのですが、昔の作品は古めかしい翻訳を苦労して読まなくてはいけない、と彼は思いこんでいたらしい。でも新訳を読んでみると、アメリカン・ニューシネマを見ているようだったから、びっくりしたと言っていました。

鴻巣　映像が浮かんだのでしょうか。

片岡　鴻巣さんの日本語を読んでの感想ですから、彼は鴻巣さんの日本語にそれを感じたわけです。原作者が作った物語と鴻巣さんが訳したものとの化合物とでも言うか、昔と現在の重なりかたをたどっていくときの気持ちが、アメリカン・ニューシネマを見ているときの感情と重なったのでしょう。たいへん不思議な話だけど嬉しいでしょう。

鴻巣　嬉しいです、私本当に好きですからジョージ・ロイ・ヒルとか。ありがたいことです。

片岡　アメリカン・ニューシネマは、観る人にもよるかと思いますが、僕はフラットなものが好きです。少し周辺に寄ったアメリカン・ニューシネマ。たとえば『アリスの恋』のような。若い頃のハーヴェイ・カイテル、さらにはクリス・クリストファーソンも、真っ平でいいです。真っ平だけど、どの人もみんな個性が際立っていて。

鴻巣　では、そろそろ、翻訳の話に戻りましょう（笑）。私がcertainlyプラスびっくりマークを「さても」と訳したいっぽう、片岡さんはびっくりマークを取ったというお話がありました。次の文もおなじことが起きています。In all England, I do not believe that I could have fixed on a situation so completely removed from the stir of society. 私は「イングランド広しといえど、世の喧噪からこうもみごとに離れた住処《すみか》を選べようとは思えない」。片岡さんは「イングランドは広いけれど、騒がしさからこれほどまで完璧にかけ離れたところに自分は住まいを定めることができようとは」。片岡さんはI do not believeを略しているんですよね。「できようとは」ときたら「思えない」とつながるにきまっていますから、ここに簡潔さの秘訣がまたひとつありますよね。私はやはり律儀に、愚直に「こうも離れた住処を選べようとは思えない」と do not believe を訳しています。片岡さんはマイナスの手法ですね。

片岡 翻訳の日本語を書くにあたっては楽をしよう、という技法です。

鴻巣 英文読解の授業だったら減点されてしまいますね。

片岡 お前は生意気だ、と先生は言うでしょう(笑)。手を抜くな、忠実に訳せ、とね。

鴻巣 マイナスの美学という点で見ていくと次の the desolation between us は難しくなかったですか。

片岡 僕が「荒涼たる景色」と訳したところですね。

鴻巣 私もここは「荒涼たる世界」と訳すほかなかった。目の前にある荒野というまさに desolate な視覚的具象と、内面的な寂寥や孤独という心の荒野、この両方を言いたいことが前後の文脈からわかりますので難しかった。片岡さんは具象のほうに寄せて書かれていますよね。

片岡 僕は目に映じることだけを言葉にしています。文章を平たくするとはそういうことでもあると思います。内面を修飾し始めたらきりがないですから。

鴻巣 これは desolation という抽象名詞が厄介なんですよね。普通に moor といえば「荒野」となるのですが。

片岡 そうですね、具体的な言葉で景色を表現していけば、たしかにわかりやすい。

鴻巣 あるいは内面のことをいうのであればもう少しなにか言葉が入るとか。私は勇気がないですから「荒野」と言い切ることも内面のことと割り切ることも出来ず、どちらとも取れるような「荒涼たる世界」という言葉を使ったのです。ですが、片岡さんはやはりここでも言葉を剥いでいる。

片岡　剥ぐだけではなく説明もしていますよ。「荒涼たる景色の広がり」というふうに、言葉を少し補って、どこかに工夫をしています。これは「世の中の騒がしさからこれほどまで完璧にかけ離れたところ」という部分と関係しています。

鴻巣　ほかの方の訳だと「寂しさ」や「孤独」など完全に内面のことを言っているようですね。でも原文は moor つまり具象としての荒野のことも言っていると思うなあ。内面だけに寄せるのはこれまた勇気がいります。

片岡　そうです。

鴻巣　これだけ「人里離れた所に家を持つ……」と言っているので、実際の景色に言及していないわけはないんです。divide the desolation between us とあるように、荒野を挟んで「嵐が丘」と「鶫《つぐみ》の辻」は山の上と山麓にあるんです。だから構図的にも外界のシーンのことを言っていると解釈せざるを得ない！　……と私は思うんですね(笑)。この部分なんか本当に片岡さんの翻訳感があらわれていると思います。きっぱりとどちらかに寄せてらっしゃる。

片岡　さきほども言ったように、内面については原作に任せ、原文から自分の目に映ったことだけを言葉にしようとしています。僕が翻訳の文章をいくらフラットにしても、浮き上がるべきところは浮き上がるであろう、と原作を信頼しています。

鴻巣　翻訳者というものは、度胸がないとこんなふうに内面と外面どちらとも取れるように足し算掛け算で訳します(笑)。その結果、訳語も長くなったりする。片岡さんは割り算引き算で訳していらっしゃいますね。最大公約数で思い切って削ぐ。次は「ミスタ・ヒースクリフ」の部分について見てみましょう。

はしょるのと平たくするのとでは

片岡　Mr Heathcliff は、これがまたやっかいなわけだ。

鴻巣　どのへんがですか。

片岡　Mr をどうするかです。とりあえず僕は片仮名で「ミスタ」と書いています。日本語で読む人が抱く印象というものがあるわけで、ミスタと書いていたら、音引きがないだけ、多少のひっかかりを感じますよね。「ミスター」よりは少しだけ奇異な感じが出ます。ですから「ヒースクリフさん」とはせず「ミスタ・ヒースクリフ」にしました。

鴻巣　私は「ヒースクリフ氏」としました。私も「ミスター」とは書きません。書くとしたら「ミスタ」です。

片岡　「ミスター」と書いたらそれは長嶋茂雄のことですから(笑)。

鴻巣　次は「suspiciously」の部分ですね。when I beheld his black eyes withdraw so suspiciously under their brows, となっています。その後で、with a jealous resolution とあります。

よく「ジェラシー」という和製英語が使われますが、jealous という言葉もじつは難しいですよね。

片岡　嫉妬とは別の、「用心深い」とか「疑い深い」という意味です。

鴻巣　翻訳講座をやるときも、こういうのがいちばん難しい。というのも、抽象名詞に形容詞が付いているんです。文法用語で「転位形容詞」といいますが、「決心」が jealous なのではなくヒースクリフが jealous なんですよね。

片岡　この場合は、用心深くて硬い構え、ということですよね。その通りに僕は書きました。それから、suspiciously を「人に気を許さない様子」としました。ここを「疑り深い」としてしまうと「suspicious」というひと言に引きずられすぎてしまうことになりますから。具体的に何かあればそこで疑り深くなるはずですが、まだ何も起きていない段階では、「気を許していない」という程度でしょう。

鴻巣　私は「うさん臭げに」という表現にして、何だか警戒しているニュアンスを表そうとしました。

片岡　たいへんいいと思います。初対面ですからね。他のかたの訳はほとんど「疑り深い」となっています。suspicious に引きずられたのでしょう。永川玲二さんも「疑りぶかそうな黒い目」としています。

鴻巣　suspicious とか skeptical とか訳しづらいですよね。

片岡　そこから先はかなり簡単でした。「彼の窪んだ黒い目が人に気を許さない様子でさらにいっそう深くしりぞく」という部分はアクションです。そしてそれに対して「自分の名を告げる」というアクションがある。「ヴェストにすでに深く入れられていた手」というのもアクションです。次には「私の気持ちがいかに彼へと熱く傾いていたか」というアクションがあり、「彼としては知るよしもなかった」というのが、彼の側におけるアクションです。こんなふうにアクションの連続なので簡単なのです。

鴻巣　片岡さんはこういうところは得意でいらっしゃる。

片岡　なぜかたいへん楽です。次もそうですね。「ヒースクリフさん」と呼びかけるアクションがあるけど、ここではミスタを「さん」と訳していますね。さきほどの「ミスタ」とつじつまがあわない、どうしよう（笑）。

鴻巣　地の文を「ミスタ」で統一していれば会話の部分は「さん」でもいいんじゃないですか？

片岡　それはいいアイディアだ。そして最後に「ヒースクリフがひとつうなずいた」というのもアクションです。原文は実に明解に出来ている。鴻巣さんは最後のところを「うべなった」と訳してますね。

鴻巣　少し古風な言いかたです。小野寺さんは、「彼はうなずいただけだ」とごくシンプルに訳し、answer の意味合いをそこに含めていますね。

片岡　返事をしないかわりにうなずいた、ということをどこかで感じさせないといけないのです。うなずいただけ、とはちがうのです。

鴻巣　さらにシンプルなのが河島さんで、「相手はうなずいた」だけですね。だいぶ引き算しています。

片岡　そうです。口をきくかわりにうなずいたのだから、そのことはちゃんと書いておかないといけない。

鴻巣　わかりやすくするために要約したり、少しはしょったり……。

片岡　はしょるのと平たくするのとでは、まったくちがいます。

鴻巣　うーん、むずかしいですね。

日本語はすぐ人のせいにする

鴻巣　私もときどき文章を短くするのに体言どめを使うことがありますが、この用法はどうでしょうか。

片岡　僕は体言どめをほとんど使いません。なんだか気持ちが良くないのです、文章が名詞でとまるのは幼稚な感じがしませんか。

鴻巣　でも名詞でぽんと出す効果というのはありますよね。

片岡　その場合は文章ぜんたいでその表現が効果的になるよう、工夫しなければいけないはずです。そうではない体言どめは、ただ単に、よくないです。しばしばありますよね、体言どめを多用している説明文など。

鴻巣　私たちの世代は、体言どめはやはり注意するように教わりました。

片岡　誰が体言どめを使うかにもよりますね。いい年をしたおじさんが意味もなく体言どめをしたらいけない。それを見て真似をしている小学生がいたら、それはＯＫなんです。きみきみ、よしたまえ、と言えばいいのですから。

鴻巣　たとえば永川さんの訳文も、体言どめがけっこうあります。「うなずいただけ。」なんて言いかたもとても今風で、一九七九年当時だと斬新だったんじゃないでしょうか。

片岡　僕はそうしたくありません。

鴻巣　少し戻って how my heart warmed towards him の部分は、片岡さんは「熱く彼へと傾く」と訳されていますね。

片岡　そうですね。

鴻巣　私のほうは、「熱い」という温度のことには触れず、「親しみをおぼえた」としています。

片岡　そのほうがいいです。「熱く」はたしかに強すぎます。

鴻巣　小野寺健さんは「胸を熱くした」と訳されていますね。

片岡　それだと、一目惚れをしたようなことになりませんか。

鴻巣　ロックウッドとしてはそれぐらいの気持ちだったかもしれませんが(笑)。河島さんは「和んだ」と訳している。warm が「温かい」という意味ですから、それを経由して「和む」という表現になったんでしょうね。次のところ、片岡さんが「彼としては知るよしもなかっただろうか」というふうに推定にしなかったのは、何か意図があるんですか。

片岡　意図はなにもありません。

鴻巣　推測する要素は原文には何も入ってはいないのですが、この場合推測を補ってもいいと思いませんか。一人称の「私」が見ているわけですが、三人称小説みたいな書きかたが混じり込んでいる。I guess とかそういう言い回しなしに、いきなり第三者の心のなかに入っているんです。

片岡　僕が「彼としては知るよしもなかった」でとめてしまったところに、「なかった」のあとに「ろう」のひと言を入れておけば良かったということです。自分のことではなく相手の事を言っているのだから、「ろう」とつけておいたほうがより正確になりますね。

鴻巣　もしこれが三人称小説だったとしても、「ろう」と付けないと収まりが悪い場合があるんです。完全に三人称小説だったら、神の立場で見ている誰かが人物の心のなかに入っていって語る。たとえば「マリアの心が熱くなっているのを彼は知るよしもなかった」という原文があって、日本語に訳すときは往々にして「知るよしもなかっただろう」と誰かの視点で書きたくなる……。片岡さんはそういうのは無しでお訳しになると思うんですけど。日本語って、伝聞体というか、誰かが見て語っているという言語の成り立ちをしているという説もあります。たんに show しにくく、誰かが tell する形をとる。だから俯瞰視点の三人称文体は書きにくい。

片岡　日本語はすぐに人のせいにするのです。

鴻巣　自分では断言しない（笑）？　翻訳界ではよく言われることですが、昔だと日本語に訳す場合「花子は悲しかった」とせず「花子は悲しそうであった」と書くほうが良いと言われたりしました。なぜかと言うと、最初の文だと誰が見ているの、ということになるからです。いくら原文が三人称の文体で「Hanko was sad.」と書いてあっても、日本語にするときには「花子は悲しそうであった」と訳さないと読みにくいと言うのですね。現在形になるともっと顕著で、「私は悲しい」はいいけれど「花子は悲しい」はおかしいと言われました。いまは普通に使われますけどね。いまの若い子に「彼は悲しい」「花子は悲しい」ってどこか変でしょ、と聞いてもまったく変だと感じないと思います。日本語は人と人の間をつないで成り立つ、つまり話し手がいて聞き手がいるという仮想状況があって成り立つ部分があるらしいです。そういった考えからすると、さきほどの文は悩ましいですが、私は「だろう」と付けてしまいます。臆病なんです。基本的に安全策を取ります(笑)。

次のところ私は「ヒースクリフさんですね?」とクエスチョンを付けていますが、片岡さんはクエンチョンがないですね。「ヒースクリフさん」としている。

片岡　ここも自分の方針どおりです。

鴻巣　ふつうは何と話しかけるでしょうか。日本語だったら、まず「すみません」とか「失礼ですが」とか?

片岡　時代やその人の気質にもよるでしょうね。ロックウッドが名乗ったときの台詞は原文にはありません。as I announced my name を僕は「そして私が自分の名前を告げると」と訳しています。

鴻巣　最初にヒースクリフの気を許さぬ様子をまとめて記述し、その後で具体的な描写に入っているのですね。よく見ると最初に出てくる「Mr Heathcliff」という呼びかけも片岡さんの持っている原文ではMr Heathcliff! となっていますが、私の原文ではMr Heathcliff? となっています。やはり何回もリビジョンされているので、どれを「決定稿」とするか難しいところです。もっとも決定稿をひとつだけにしなくてはいけない、ということもないのですが。

片岡 『嵐が丘』という日本語題名はとてもいいと思います。外国の映画にかならず邦題をつけた頃の、昔の感覚そのままで。

その7　エドガー・アラン・ポー

day life — the hideous dropping off of the veil. There was an iciness, a sinking, a sickening of the heart — an unredeemed dreariness of thought which no goading of the imagination could torture into aught of the sublime. What was it — I paused to think — what was it that so unnerved me in the contemplation of the House of Usher? It was a mystery all insoluble; nor could I grapple with the shadowy fancies that crowded upon me as I pondered.

EDGAR ALLAN POE

THE FALL OF THE HOUSE OF USHER

During the whole of a dull, dark, and soundless day in the autumn of the year, when the clouds hung oppressively low in the heavens, I had been passing alone, on horseback, through a singularly dreary tract of country, and at length found myself, as the shades of the evening drew on, within view of the melancholy House of Usher. I know not how it was — but, with the first glimpse of the building, a sense of insufferable gloom pervaded my spirit. I say insufferable; for the feeling was unrelieved by any of that half-pleasurable, because poetic, sentiment, with which the mind usually receives even the sternest natural images of the desolate or terrible. I looked upon the scene before me — upon the mere house, and the simple landscape features of the domain — upon the bleak walls — upon the vacant eye-like windows — upon a few rank sedges — and upon a few white trunks of decayed trees — with an utter depression of soul which I can compare to no earthly sensation more properly than to the after-dream of the reveller upon opium — the bitter lapse into every-

『アッシャー家が崩れ落ちる』

その年の秋、鈍重で暗く音のしない一日ずっと、空には低く雲があって重苦しく、私はひとり馬に乗り、ことのほか荒涼としたところをいき、やっとたどり着いたのは夕暮れの影が迫る頃、陰鬱なアッシャー家の建物が見えるあたりだった。なぜだか理由はわからないが、その建物を目にしたとたん、私の気持ちは堪えがたいほどの憂鬱さに侵された。堪えがたいほどの、と私が言うのは、もっとも厳しい自然界にある、荒れ果てたり悲惨だったりする光景を受けとめるとき、なかばそれを楽しんでいるような、それゆえに詩的ないつもの感興を、そのときの私はまったく覚えていなかったからだ。

（片岡義男・訳）

『アッシャー館《やかた》の倒壊』

その年の秋のことだった。空には雲が低く垂れこめてどんよりと薄暗く、森閑としたある日のこと、わたしは朝から、ひときわ荒涼たる一帯を独りとぼとぼと馬の背に揺られてきたが、夜の闇がおりようとするころふと見れば、いかにも陰鬱なアッシャー家の館がようやく姿をあらわしていた。何がどうとは言いかねるものの、屋敷をひと目見るなり、わたしは堪えがたい気鬱におそわれた。「堪えがたい」などと表したのはこういうことだ。わたしという人間は本来なら、どんなに侘びしく荒んだ自然の過酷な姿を目にしても、むしろ詩情を感じて愉快にすら思うのに、この時ばかりはそんなふうに気が晴れることはなかったのだ。目の前にはそっけない屋敷がそびえ、その地所しか標《しるべ》のない砂を噛むような景色が広がっている――館の殺風景な壁、虚ろな目のような窓、ぽつぽつと生えた菅草《すげぐさ》、その立ち枯れて白茶けた木々が何本か――その光景を眺めて覚えたまったき憂鬱は、この世のどんな心境にも喩えがたく、阿片の享楽から醒めた後の悪夢、というのが当を得ているだろう。つまり、いきなり俗世に舞い戻った苦しみ。夢のヴェールが剥がれる時のおぞましさ。胸が凍てつき、沈みこみ、むかつくような感覚。この陰々滅々たる印象は拭いがたく、いかな想像力をたくましくしようと、どんな崇高なイメージも湧きようがないのだった。一体どういうことだろう？　わたしは馬を止めて考えた。アッシャー家の屋敷を凝視《みつ》めていると、なぜこうも意気消沈してくるのか。よくよく考えてもその謎はいっこう解けず、心に押し寄せくるほの暗い幻影の正体はつきとめようがなかった。

（鴻巣友季子・訳）

鴻巣　さて、本日の宿題の『アッシャー家の崩壊』にいきましょう。片岡さんの訳は、英語の語順とかなり似て前へ前へと送っていく日本語です。During the whole of a dull, dark, and soundless day in the autumn of the year を「その年の秋、鈍重で音のしない一日ずっと…」というように。馬に乗った主人公の一日の動きがそのまま再現されていて景色もすっと浮かびます。soundless day の部分ですが、「日」という抽象名詞に soundless という修飾がかかるのをどう訳すかに注目です。これの意味については後述しますが、片岡さんが「音のしない一日」、私が「森閑としたある日」、西崎憲さんが「音のない日」で、巽孝之さんが「静まり返って」ですね。「音のない日」というのはちょっとイメージが湧きにくいようにも思います。whole という言葉は訳しにくくありませんでした?

片岡　日本語で言いにくいです。僕は「ずっと」と訳していますね。

鴻巣　「私は丸一日」という言葉を使わずに、「朝から」としてみました。

片岡　そのほうが大人です。ずっと、という言いかたは、確かに幼いです。

鴻巣「大人の翻訳」という表現は初めて聞きました。whole の起点を朝に置き、文章が進んでいき、夜の闇を終点にして「一日」を表現してみたのです。巽さんは「日がな一日」、西崎さんは「その日の昼全て」。

片岡 昼という言葉が出てきて、「すべてを」と結びついています。まさに〝翻訳〟かなあ。

鴻巣「午後いっぱい」などという言いかたはしますが……。singularly という言葉も難しく、私はいつもうまくいかないんです。片岡さんは「ことのほか」、巽さんは「無類なほど」で、私は「ひときわ」と訳しました。続く dreary も、前回『嵐が丘』にもよく出て来ましたが訳しにくい。「荒涼」「殺伐」などどうしても漢字熟語になってしまいます。

片岡「寂しい」よりも、いま少しさびれた荒涼感ですね。作者は寂しさを強調したいのでしょう。日本語でなにか言いかたはないですか。侘しいではないですし。

鴻巣 もう少し不安感を煽るというニュアンスが欲しいですね。dreary の持つ語感と、日本語の辞書に載っている「寂しい」とか「殺伐」とか「荒涼」という訳がうまく釣り合っていない気がいつもします。

片岡 そのとおりです。不安感を翻訳に加えるといいですね。

鴻巣 続く and at length found myself, の find myself の部分はどうでしょうか。私は、視線の移動がはっきりした文章の場合にはいつもわりと語順にこだわるのですが、ここには苦労しました。視線の先にアッシャー屋敷が待ち構えているのは、題名からしてがちがちに予想出来るんだけれども、やはりこのセンテンスの最後のほうに出てきてもらいたい。どれだけアッシャー家を一文の後ろに持って来られるかが勝負だと思って訳しました。かといっていちばん後ろにすると無理が出てきます。「見えてきたのは何か、アッシャー家だ」と大胆に訳せないこともないですが、なんだかいやだな。

片岡 アッシャー家の建物を文章の最後に持ってくる工夫も、出来なくはないでしょう。

鴻巣 おお、挑戦的ですね(笑)。

片岡 充分に遊びましょう。

鴻巣 翻訳者の立場からも、インパクトとして「アッシャー家」はやはり最後に出したいけれど難しいところです。片岡さんの訳の「やっとたどり着いたのは夕暮れの影が迫る頃、陰鬱なアッシャー家の建物が見えるあたりだった」は「夕暮れの影が迫る頃」を前に持ってきてはいけないのでしょうか。

片岡 前に持ってくると、「夕暮れの影が迫る頃に見えはじめたのは、陰鬱なアッシャー家の建物のあたりであった」となりますか。このほうがいいかもしれない。

鴻巣 つまりこういうことです。あまりにも周りが荒涼として殺風景な景観が続くなか、「わたし」は心を空っぽに虚ろな気持ちで馬に乗ってやって来た。はっと気がついたら眼前にアッシャー家があらわれていた——。この soundless は「心の無音」だと片岡さんがいつか言っていて、なるほど名言だなと思いました。翻訳は何を優先とするか難しい作業です。この場合、soundless から awake になる箇所ですから「あ！　何かある」という衝撃を私は意識して訳しました。主人公の目線に入り込んだのです。

片岡　映画だと、それまで聴こえていた音楽に、大きな変化があるところでしょう。ジェリー・ゴールドスミスやジョン・ウィリアムズのように。アッシャー家の建物が見えてきたということは、とにかくこの人にとっては、たいへんなことなのですね。

鴻巣　このさき精神的にとても苦しんでいますものね。それにしても建物があまりにもそっけないことで、どうしてこんなに苦しまなくちゃいけないのかと不思議ではありますす（笑）。審美的なところのない俗世的な殺伐ぶりに気が滅入ったのでしょう。

次の I know not how it was—but, with the first glimpse of the building, a sense of insufferable gloom pervaded my spirit. は片岡さんも私も訳の構造はおなじです。私は「何がどうとは言いかねるものの、屋敷をひと目見るなり、わたしは耐えがたい気鬱におそわれた」。片岡さんは「なぜだか理由はわからないが、その建物を目にしたとたん、私の気持ちは堪えがたいほどの憂鬱さに侵された」。西崎さんの訳も骨格は同様です。「理由を訊かれても、答えられなかっただろう——しかし、館を一目見た時、わたしの精神は、耐えがたいほどの憂愁に捕らわれた」。spirit の訳もいつも悩みますが、spirit と出てくると精神と訳したくなりますね。

片岡　精神よりは心のほうがいいでしょう。

鴻巣　spirit の訳は巽さんが「心」、私が「気鬱」、片岡さんが「気持ち」です。私は spirit に gloom が広がったということで、二語を合わせて「気鬱」になったのかな。building は片岡さんが「建物」、西崎さんが「館」、私と巽さんが「屋敷」と訳している。なんとなくこの段階ではまだ「屋敷」と言わなくてもいいのかもしれない。次の I say insufferable… ですが、訳しにくくありませんでしたか、片岡さん。

片岡 「堪えがたいほどの、と私が言うのは、」としました。作者は強調したくてこう書いたのですから。

鴻巣 難しかったですが。私は「「堪えがたい」などと表したのはこういうことだ」。

片岡 I say はそのまま日本語にしました。昔の文章によくあります。

鴻巣 片岡さんはぜんたいを掴んで訳すんですね。続く for the feeling was unrelieved by any of that half-pleasurable, because poetic, sentiment, with which the mind usually receives even the sternest natural images of the desolate or terrible. を「もっとも厳しい自然界にある、荒れ果てたり悲惨だったりする光景を受けとめるとき、なかばそれを楽しんでいるような、それゆえに詩的ないつもの感興を、そのときの私はまったく覚えていなかった」というのは、すんなり頭に入ります。

片岡 いま引用した僕の訳文の最後に「からだ」のひと言を加えるべきかもしれない。

鴻巣 poetic sentiment, with which the mind usually receives … の箇所は「詩的ないつもの感興を」というあたりで解釈が深まっている感じです。原文を英文和訳したら、「どんな荒れ果てた自然界の姿を見ても、これをもって心が詩的な気持ちになれる」なんていう日本語になりそうです。関係代名詞の which 以下はふつう区切ったりバラして訳したりしますが、片岡さんは一度融合させています。さらっとこなしていますが、技ありですね。

片岡　原文のとおりに訳した感じはしますが。鴻巣さんのほうがある程度の解釈が入っているから、読者にはわかりやすいと思います。題名の翻訳では『アッシャア屋形崩るるの記』というのを最近見ました。それにしてもアッシャー家を翻訳していると、愚痴を聞いているような感じというか、いっしょに居酒屋に入ってしまったからしかたなくつき合っている、という感覚です(笑)。だから課題も半分くらいしか訳さなかった。

鴻巣　念のため言っておくと、私はけっこう筋金入りのポー愛読者なんですが、片岡さんのコメントは「アッシャー家の崩壊」評として、とても面白いですね。愚痴だから六割ぐらい聞いておけばいいって感じですか。

おわりに

片岡　このモレスキンの手帳は、「翻訳問答」の対談を始めてから使い始めたもので、最初に話をしたエドガー・アラン・ポーやボードレールのことなどからすべて書いてあります。あと十ページで終わります。書き終わったら、生まれて初めて、一冊の手帳を最後のページまで書くことになります。いつ何を話したか、すべてが書いてあります。僕は使い終わった手帳はいつも捨ててしまうので、これもやがては捨てるでしょう。

鴻巣　うわ、ちょっと待った！　それは「翻訳問答」の貴重な記録です。ぜひ捨てられないようとっておかないと。

片岡　鴻巣さんとの「翻訳問答」の内容すべてが、そしてそれ以上にいろんなことが、この一冊の手帳のなかに書いてあります。

鴻巣　「あとがき」に一部分でも載せてください。

片岡　この対談のための予備的な段階で、「風呂に入る」という日本語の意味が子供の僕にはわからなかった、という話をしませんでしたか。

鴻巣　「風呂に入る」が take a bath ではなく文字通り単に enter the bathroom だと思っていたという話ですね。

片岡　言葉はまずその意味ですね。言葉には意味がひそんでいるはずです。日本語で育った人が日本語を読めば、意味は伝わるはずです。そのことを「わかる」と言いますが、「わかる」とは「意味」を受け取ることでしょうか。とりあえず、何らかの意味は伝わっているはずですし、意味が伝わらなくては話になりませんよね。

鴻巣　難しい問題ですね。小説のときは少しちがうと思います。

片岡　「言葉」が伝える「意味」は、極限的と言っていいほどに具体的な意味と、かなり抽象化された意味とが、ごちゃまぜになっています。自分の母国語だと、具体的意味と抽象的意味がいくら混在していても、意識して区別しなくともいっさい問題はなく、身体の表面の感覚みたいなところでわかってしまいます。

鴻巣　どの層の意味をとればよいのか、直観的にわかるのですね。ネイティヴ・スピーカーではない翻訳者は──片岡さんはネイティヴですが──、どの層の意味で訳せばよいのか、というところから迷います。「風呂に入る」を例にとりますと、日本語のネイティヴは、お父さんが子供に「風呂に入れよ」と言ったならば、九十九パーセント「入浴しろ」という意味だとわかります。しかし、非ネイティヴは場合によっては、「バスルームのドアをあけてなかに入れ」という意味なのか、「入浴しろ」なのか、あるいは「バスタブのなかに入れ」なのか、瞬時にはわからないかもしれない。

片岡　そうです。つまり「風呂に入る」の「入る」には様々な場面での意味が含まれています。風呂のドアをあけてなかに入り湯と石けんとタオルで身体を洗って浴槽につかるという、こうした行為ぜんたいを一語で指しているのが「入る」です。これは日本語を母国語として育った人なら、何も考えなくとも身体の感覚として簡単にわかります。ところが、日本語を外から学習して身につけた人は、かなり学習しないと「入る」がわかりません。

鴻巣　「風呂に入れ」が本当に「風呂場にいけ」という意味である場合もなくはない(笑)。

片岡　はい。それに、学習者が「風呂に入る」をようやく学習したとしても、まだ他にも「入る」という表現はたくさんあります。「トイレに入る」「学校に入る」「会社に入る」「話の輪に入る」「僧門に入る」「仲間に入る」「学校に入る」「眠りに入る」「頭に入る」「家庭に入る」「鬼籍に入る」などいろいろありますし、「入る」の変形でしょうか、「入っていく」という入りかたもあります。これをすべて体で覚えていかなくてはいけませんから。たいへんなことです。このように外からの学習者のことを考えると、そこから翻訳の大変さがわかってくるのではないでしょうか。よく引き合いに出されますが、「犬」と言われて、自分が飼っている特定の犬のことしか思い浮かべない人はいないでしょう。「犬」という概念も同時に広く思い浮かべるはずです。

風呂の話に戻ります。ハワイの日系二世の人が子供の僕にシャワーをすすめて、「シャワーを取りなさい」と言ったのです。これは僕が最初に体験した翻訳です。しかも当てはめ翻訳です。takeという動詞にもっとも一般性の高い日本語を当てはめるなら、それは「取る」です。

したがって、take a shower は「シャワーを取る」になります。Take という動詞に対して僕が抱いている信頼感の始まりは、ここからです。もちろん信頼感は take だけではなく、他の多くの基本動詞ぜんたいに広がっています。take という動詞はいろんなふうに使われています。その使われかた、使いかたには、一般的な共通性のようなものがあり、ここでこう使えるならそこでもそう使える、という規則性に似た一貫性が、take をきわめて使いやすいものにしています。いまこうして喋っていて思いついたことですが、自動販売機でアイスキャンディを買おうとして二十五セント硬貨を入れても、戻ってきてしまう。何度やっても戻ってくる、という状況を、待っている次の人に説明するとき、なんと言いますか。It (自動販売機) doesn't take quarters. と言えば、take の使いかたのもっとも基本的な一例となります。

言葉を誰にでも使えるようにする

鴻巣　昨日ちょうど『風とともに去りぬ』を訳していて出会った例があります。罵倒語がたくさん出てくるのですが、swine という言葉があります。豚ですね。人間を罵って swine というときには、「このブタ野郎」「がめつい奴」というように様々なニュアンスがあります。英語のネイティヴならば、swine がどういう罵倒なのかすぐわかります。「豚」のイメージを残しつつも、「ブヒブヒいってる本当の豚」ではなく、抽象化した意味がわかるわけです。

もうひとつ罵倒語で、hells are fire という表現がありました。南部のスラングかもしれません。日本語話者がhellという単語を見ると、Jesus Christと一緒で、何らかの宗教的意味を感じてしまって、訳語に「地獄」を入れなくていいのかなと心のどこかで不安を覚える。しかしネイティヴにとっては、深層にはあるのかもしれませんが、hells are fireというときに「地獄」を念頭に浮かべている人はいないでしょう。ちょうど日本語で「くそったれ」「畜生」なんて言うのとおなじです。翻訳者は、表層のイメージと深層のイメージ両方を頭に入れた上で、どのあたりのイメージを出していくか、それが難しいのです。

片岡　そのとおりです。英語から日本語に翻訳する場合を考えてみると、日本語を学習している外国語の人たちの問題が、何層にも重なって浮かび上がってきます。

鴻巣　日本語の「入る」の意味の多様さがさきほど出ましたが、英語のhaveほど様々な意味をもつ単語はないですね。最初は「身につけている」という状態や、抽象概念の「所有する」を習い、助動詞や使役動詞の使いかたを習います。

片岡　たくさんあるhaveの日常的な使いかたをある程度覚えるとは、haveにあたえられている一貫性のような原理を知ることです。そこからは学習者自身がhaveを様々に使えるようになります。そうするとhaveは貨幣とおなじになり、どこでも使える一ドル紙幣のような存在になります。

鴻巣　ある程度貯まらないと使えない、応用できないですね。

片岡　haveのいろんな用法を知っていないと、自分の必要に合わせて使いこなせません。しかしいろんな用法とは、さきほど述べた、haveの一貫性の原理の範囲のことです。いったん使えるようになれば、haveはたいへん抽象度の高い動詞なので、多少変わった使いかたをしても意味は伝わるし、使いかたそのものを間違えることもめったにありません。

鴻巣 なるほど。いまのお話を伺って思ったのですが、日本の英語教育は、たとえばまずhaveを習い、次にdoを習い、というステップになっていることが多いです。この方法だと、言葉の細かいスライスを積み重ねているだけで、薄片しか貯まらないので、いつまでたっても使えるようになりません。そうではなくて、haveをやるのだったら、何週間もかけて徹底的にhaveの様々な用法を習うようにしたらどうでしょう。そうすれば、とにかくもhaveを使えるようになるのでは。

片岡 それはいい学習法です。つまり学習者のなかでhaveが抽象化され、個別の用法ごとのhaveが一貫性のある原理として、ひとつになるのです。

鴻巣 抽象化するまでがたいへんですね。この方法はすべての英単語には不可能ですが、基本単語二十から三十に関しては出来ますし、本質的に有効だと思います。run, do, take…。

片岡 さきほどのtakeなんていいですね。この動詞こそ民主主義です。これらの基本的な動詞はすべて、必ず使用者その人の行動に関係します。自分の行動に関わる、ということは、行動には相手がいるので、相手との関係の問題になります。これはたいへんなテーマです。

鴻巣 日本の学校の英語教育には、「言葉を誰にでも使えるようにする」という思想が欠けているのでしょうか? 「言葉は貨幣とおなじように、誰がいつどのように使ってもよい」という発想を根本に欠いている? だから、「よーし今日はこれをやるぞ、haveだ」と言って教えるのですが、これはじつは見せるだけであげない、使わせない、ということかもしれない。片岡さんの話を聞いていたらそんな印象を受けました。

片岡　使えるようになる教育を、なぜかしないのです。

鴻巣　なぜあんなに使わせないのでしょう(笑)。

片岡　民主主義ではないからでしょう。普遍的な抽象原理、少なくとも一貫性は教えなくてはいけないのですが、言葉は貨幣だということがわかっていないのでしょう。共有したくないのかな。貨幣の意味すらわかっていないかもしれない。

鴻巣　片岡さんは、ＴＯＥＩＣや英検などの試験を受けたことはありますか。いやいや、ないですよね。問題をご覧になったことはありますか。

片岡　ありません。

鴻巣　日本で普及している英語の検定や試験を見ると、「絶対英語を使えるようにはさせないぞ」という固い決意のもとに作られているのではないか、と疑うことがあります(笑)。

片岡　お前ら使うな、という方針が根底にあるのでは。あるいは、抽象原理に無関心なのでしょう。

鴻巣　それらの試験はいわゆるインプット型、ほとんど「読む」と「聞く」から成り立っています。アウトプットのほうについては、英検では三級以上にレベルが上がると口頭試問がありますが、本当に形ばかりで、そこそこパターンを覚えていけばよろしいという程度のものです。エッセイ・ライティングも準一級にならないとありません。基礎の段階で、英語を使わせないのってどうなんでしょう。「読む」「聞く」も、能動的に取り組むならば英語を使えるようになっていくと思うのですが、試験では絶対に能動的に読んだり聞いたりさせません。すべて選択形式です。大量の採点を可能にするためにマークシートを使うのでしょうが、自発性と自由意志を発動させまいとするかのような頑なな試験問題です。

片岡 誰もがある程度までは使えるようにする過程が民主主義です。

鴻巣 ということは日本のテスト形式は多くの場合、平等なものに見えてじつは反民主主義的なのですか？　あれれ、なんだかすごい話になってきちゃった（笑）。

いっぽう、TOEFLはスピーキングとライティング、能動的な英語の使用も問われます。しばらく前、TOEFLに文法問題がなくなり、「しゃべる」「書く」が重視されるようになると、いきなり世界での順位が急落してしまったそうです。逆に学校の外で英語を学んでいる子供や小学生はけっこう英語を使えるようになっています。

片岡 試験で問われるのは本当の英語の能力ではなく、反射神経、反応の速さ、それも英語そのものにおける反応ではなく、正しい組み合わせが出来るかどうかの、パターン認識の判定でしかない。

抽象的だからこそ、どこでも使える

片岡 さきほどから言っていますが、have や do や take の様々な意味のひろがりと用法を一貫性として教えれば、これらの持つ抽象的意味合いが浮かび上がってきます。そしてその抽象性は、どこにいっても使えます。

鴻巣 抽象的だからこそ、どこでも使えるのですね。

片岡 そうです。個々の具体性にからめとられていると、いつまでたっても使えません。

鴻巣 だから、単語集や熟語集でいくら単語を覚えても使えない。スライス方式ではなくて、チャンク(ぜんたいとしてのかたまり)方式にするべきなんですね。

片岡 言葉は、きわめて具体的な意味をもつと同時に、抽象的な概念をも含んでいます。具体的な意味はスライス方式でも身に付きますが、抽象的な意味はスライスではだめで、チャンクで教わる必要があります。そして、抽象概念を体得しなければ、その言語を使うことが出来るようにはならないのです。

鴻巣 言語習得について、誰か学者が言っていたことですが、最初に dog を教えるときに、dog を思い浮かべて、と学習者に言うと、それぞれ個々の「犬」のイメージを思い浮かべます。dog-ear と耳をつければ、紙の端を折り曲げることも意味しますし、くっついて歩く、尾行する、無視するなどの意味もありますし、こうして様々な意味を追加していって、最後に dog といって思い浮かべるものを問うと、元々の犬ではなく、非常に抽象化されたイメージにたどりつくということです。

片岡 それが言語の普遍性でしょうか。普遍的に誰にでも作用するもの、誰でも共通に使えるもの、それが言語です。貨幣のように。だから、誰に対しても普遍的に作用するようになるための手助けをするのが翻訳者なのです。意味を抽象的にして橋渡しをする。通貨を両替するのとはちがいますが、かたちだけをみると、翻訳も一種の両替ですね。

鴻巣　そうか、両替しているのか。為替レートによって増えたり減ったり（笑）。「今日の翻訳はお得ですよ、だいぶ量が多くなっています」なんて。

片岡　鴻巣さん、為替レートとは翻訳者の能力なんですよ！

鴻巣　うれしいような、うれしくないような（笑）！

片岡　そういう観点でみると、英語は一貫性が高いので、そこは有利なはずです。世界共通言語になるのは当然です。英語が母国語でない人々は、母国語を脇に置いて、学習した英語でやっていくことになります。何語で育った人であれ、学習した英語で世界が回るようになる。「日本語ではそう言わない」「日本語ではそう考えない」という世界は、もう通用しません。少数言語はもちろんあるべきであり、守るべきですが、それは置いておいて、ということですね。置いておくことによる衰退もあります。英語を使っていても、考えるときは日本語、という場合もあります。

鴻巣　英語という共通言語とつながっていることで、少数言語の命脈が保たれるということもあるとは思いますが、じつは私、英語の独り勝ちは今後の二十年、いえ、早ければ次の十年ぐらいで終わりが見え始める気がしているんです。余談ですが。

片岡　母国語にはそれにあたる言葉がないけれど英語にはある、という場合もあります。日常生活の言葉でもそうした例はたくさんあります。世界じゅうのどんな言語の人も、英語のなかに引っ張り出されているのが現状です。学習した英語が発揮し得る機能のなかで、人々は関係を築いていこうとしています。英語ひとつですべて間に合うほど、世界は単純ではないですし。

鴻巣　片岡さんはそうした世界の流れについてどういうご意見ですか。

片岡　いいも悪いもないと思います。インドの人と話をするのにインド語で話さなくてもすむのですから楽ですね。程度の差は無限にあるとしても、ある程度の英語によって、あらゆる国や文化の人たちと、関係を作ることが出来るのです。

鴻巣　いま、Globish などが提唱されていますが、Globish には微細な表現、陰影を表現出来ないのではという問題もあります。これは文学のディレンマかと思いますが、ある言語で文学が発達すればするほど、翻訳不可能性が高まりますよね。ジェイムズ・ジョイスのような人は何語で書いても結局わけがわからないものになるかもしれませんが、その言語のポテンシャルをマックスまで使って書かれたような作品は、翻訳するのがたいへん難しくなります。しかし、その難しいものほど翻訳しなければいけない、翻訳することの価値が高いと思います。

片岡　日本語のポテンシャルを限度近くまで使うと抽象性が高まるので、むしろ他の言語でも捉えやすくなると思うのですが。半端なところがいちばん難しいです。

鴻巣　微細なこと、その国の文化でしかありえないことのほうが、じつはニュアンスが伝わったりします。確かに、半端なものがいちばん難しいですね。

片岡　翻訳についてもっとも前向きでない批評は、「いかにも翻訳調である」という批評でしょうか。翻訳はすべて、いかにも翻訳なのですから。

鴻巣　いま翻訳に対する批評や考え方もいろいろと深まっていて、オリジナルの言語の異質性を残したまま翻訳するべきだという考え方がひとつの流れになっています。日本は翻訳が始まった当初から、この考えかたに割合忠実でした。明治の頃から、翻訳のごつごつした感じを残すべきだと言われていました。英語圏では、同化翻訳――英語にはない、知らないものが出てきたら自国の何かに置き換えたりカットする――が比較的多かったですけれども、この同化翻訳に対して八〇年代頃から警鐘を鳴らす学者たちが現われました。「ちがうものだからちがいがわかるようにしよう」と。これはいわゆる英語帝国主義に対する抵抗を含んでいます。

前にも言いましたが、「透明な翻訳」は、日本と欧米圏では対照的な意味合いを持っています。アメリカの人にとって、「トランスペアレントな翻訳」とは、原文が消えてしまう、翻訳であることを意識させないくらいこなれた翻訳を意味します。しかし、日本では、「透明な翻訳」は、訳者の個性は消えつつ、翻訳であることを確固として意識させる翻訳を意味します。「原文が透けて見える」という言い回しをしますね。

欧米と日本では、翻訳に関して対照的なゴールを目指しているにも関わらず、あたかも理解しあっているかのような顔でうなずきあってきました。私も何年か前にようやく、おたがいが言っているゴール（透明な翻訳）の意味するところがちがうものであったと気づいた次第です。

なにが、がらんとしているのか

片岡　まったくランダムに一例をあげますが、「がらんとしている」という表現を、日本語を母国語とする人は、いつ、どこで覚えたのか自覚すらないうちに、習得しますね。この「がらんとしている」を英語で表現するのはたいへん難しいです。

鴻巣　ごく自然に出てくる語ですが、どういう言語領域から出てくるんでしょう。

片岡　体感をあらわす言葉は訳すのが難しい。「がらんとしている」は、屋外ではなく、ある程度以上の大きさの建物の内部での体感です。僕の直感としては、天井の高い、広めの屋内を想定します。

鴻巣　そうですよね、三畳間はがらんとするか微妙ですし、トイレの個室はがらんとしません(笑)。

片岡　そのようなことすべてを、日本語を母語とする人たちは体感として知っています。

鴻巣　「がらん」ひと言で、建物や部屋の面積、天井の高さまでがだいたいわかるということですね。

片岡　そうです。その部屋の容積と自分の占める体積との比率の問題が、直感としてがらんとするかしないか、これは、日本語を外から学習する人には、なかなかわからないことです。

鴻巣　比率の問題ですね。おとぎ話のこびとが人間のトイレに入ったら「がらんとしている」

と言ってよいかもしれない。

片岡「がらんとしている」という状況を超えて、恐怖を感じるほどの大きさかもしれませんね。

鴻巣「がらん」というひと言で、自分と対象物との関係をあらわす、と。面白いなあ。

片岡 じつは難しい言葉なのですが、正しい表現をいつ覚えたのかわからないほどいつのまにか、母国語者たちは身につけるのですね。お寺の「伽藍」と関係があるのかな?

鴻巣 そういう説もあるようです。「がらんどう」と「がらんとしている」は関係ありますよね。

片岡 それは確かですね。母国語として日本語を知っている人は、「がらんとしている」を自由自在に使えます。そして使いかたを間違えることはおそらくありません。少なくともこれまでは。しかし体感でひとつひとつ覚えなければならないし、覚えたらそれで完成ですから、抽象性の領域へと出ていくことは出来ないのですね。

鴻巣 いま調べてみましたが、やはりお寺のお堂の「伽藍堂」が語源なのかな。「元々は寺院のように大きい部屋に人がいないことをさす」「近年では大きくない部屋でも『がらんどう』という」のですって。

片岡 それは日本の住宅事情のせいですよ。ワン・ルームでも、これからの日本語では、がらんとしているようになる。

鴻巣 これは面白い。「がらん」一語の用法ひとつで日本の住宅事情の変遷がわかるなんて。

片岡 仏教寺院は本来は人が常に多くいる場所だったのでしょう。その寺院に人がいないという常ならぬ状態を言い表すために、がらんどう、という言葉が生まれたのではないか、と僕は推測するのです。

鴻巣　お財布が空であるというときにも「がらんどう」は使うらしいです。所持金がないことも「がらんどう」。ネイティヴでも知らないことはありますね。

片岡　この「がらんとしている」を英語で言おうとして、It looks bare. と言ったら、どうなるでしょうか。

鴻巣　むきだしというか、何もないということですね。木の葉っぱがすべて落ちて、枝が丸はだかの状態も bare と言いますね。

片岡　いろんなふうに使えるので、日本語には訳しにくいですね。It looks bare. だと、容積感が出ませんね。

鴻巣　私は bare というと「殺風景」なイメージが浮かんできてしまいます。「がらんとしている」はまだ「殺風景」よりも何もない、「殺風景」にも至らない感じがします。

片岡　そこに常にあるべき諸々が明らかにないから、その状態を言いあらわそうとして、がらんとしている、という言いかたが生まれたはずです。そこに常にあるべき諸々、という前提の上に立って、それがない状態を問題にしている言いかたです。なにがないのかというと、それは人の気配でしょう。人の気配とは、まず人そのもの、そして、人のためにあるべき物や、人が使う物などです。寺院ががらんとしているのは、詣でている人がいない状態ですね。翻訳すべき原文のなかに。bare や empty さらには vacant そして hollow といった言葉が、フロアと天井そして壁に囲まれたかなり広い空間に関して用いられていたら、その言葉の日本語訳として、がらんとしている、という言葉をあてがうような気がしますが。

鴻巣 そういえば、先日、高校生たちに「〝がらんとしている〟を英語で言うと何?」と聞いたら、emptyという答えが返ってきました。

片岡 現在では比較的狭い空間に関しても、がらんとしている、という言いかたが用いられているなら、たとえば、がらんとしたワン・ルーム、というような表現が現実になされているかもしれません。人がそのワン・ルームに住むにあたって、そこにあってしかるべき様々な物の多くがない、という状態ですね。あってしかるべき様々な物が揃っている、という状態が前提にあることによって成立している、言いかたです。単に、ないのではなく。単なるオノマトペだと思う人もすでに多いでしょう。がらんとしている、という状態そのものが、どんな状態なのか思い浮かばない、という人たちも多いかもしれません。と同時に、便利だからいろんなふうに使う、という現実もあり得るでしょう。がらんとする、とか。がらんとした、の現在形として。がらんとさせる、もありかなあ。がらんとなる、という変形もありそうだ。

話をもとに戻して、その部屋ががらんとしているのが英語だと一例としてThe room looks bare. なら、「がらんと」がbareにあたり、「している」がlooksですね。日本語の「がらんと」と「している」とは、両方とも状態の表現です。しかし英語だとlooksは動詞ですまぎれもなく。どのように looks するのか、という問題を引き受けるのが bare です。The roomをItに置き換えると、見た目にはもっとも単純ですから、そのぶんわかりやすくなります。

be動詞を「てにをは」で捉える

鴻巣　It とbare がイコールで結ばれている構造ですね。I kicked a ball. は、「私」と「ボール」は別物で、「私」が「ボール」を蹴ったわけですね。「私」から「ボール」に対して「蹴った」という矢印が向かっています。いっぽう、It looks bare. は、looks がやじろべえの中心となってIt とbare が釣り合った状態にあります。be動詞の文章、I am a girl. もそうなのです。日本語話者にとって、この主語と目的語が一般動詞を介して釣り合った文章はじつは使いにくいのではないですか。

片岡　ひとつの状態ともうひとつの状態とが、たとえばbe動詞を等記号のようにして釣り合っている、という表現が好きなのでしょう。主語にIt をたてると、それを引き受ける動詞を選ばなくてはいけません。It を主語にするとは、状況を抽象化してひとつかみにする、ということです。

鴻巣　「おいしい」という表現をするとき、大人の英語学習者はまずIt is delicious. が出てきます。It tastes good. とかIt tastes nice. ではなくて。taste という動詞で「～という味がする」というのはいささか困難のようですね。そもそも、日本語話者は、I の後にすぐ（一般）動詞が来ることになにか抵抗があるようです。be動詞をはさみたがります。日本語ネイティヴの子供は進行形はすぐ使えるようになります。進行形ならbe-ingでbe動詞をともなうからしっくり来るんでしょう。進行形でなくてもI'm play soccer. と言ってしまう人はたくさんいます。

片岡　なるほど。

鴻巣　そこで推論なのですが、おそらく、英語のbe動詞を日本語の「てにをは」のような感覚で捉えているのではないでしょうか。片岡さんが聞いたら仰天でしょう。

片岡　ホラー・ストーリーですね。世界は終わります(笑)!

鴻巣　「be動詞が『てにをは』になったら、世界は終わっちゃう」ですか(笑)。日本語は、レストランで注文するときに「私は、オレンジジュース」という文章が可能ですね。これは、もちろんI am orange juice. という意味ではありません。I'll have an orange juice, please. であるとか、I'd like an orange juice. など、何らかの動詞が入るはずです。しかし、日本語話者の感覚としては、英語でオレンジジュースを注文するときにI am an orange juice. と言うかのような、そういうbe動詞の使いかたをしてしまうようなのです。私も身に覚えがある(笑)。

片岡　自分の問題として動詞を言うことがまずおっくうだ、という感覚でしょうか。しかしI'm coffee. というコーヒーの注文のしかたはあります。

鴻巣　そうなんですか。

片岡　状況によりますが。このamには一般動詞が隠れていて、おそらくはI'm ordering coffee. です。He is meat. という言いかたもあります。彼は肉を食べる、菜食ではない。という意味です。

鴻巣　「私、オレンジジジュース」にも、「頼みます」が省略されていると言えばそうですね。ただ、「私は」の「は」を英語で言うとなると、be 動詞を使いたくなってしまうのかなぁ。昔は学校でそう教えていましたよね？　I am a girl. とあれば、まずバラバラにして、「私／は／女の子／です」と。いまはないと思うんですが。

片岡　「です」はアクションではなく状態ですからね。日本語はアクションを言いあらわすよりも、静止した状態を言いあらわすことを好む、ということです。

鴻巣　そうですね。だから、さきほどの taste のように、状況を表すが be 動詞ではない動詞がぱっと出てこないのかもしれません。

片岡　たいへんなことですよ、それは。世界は崩壊する、とまではいかなくとも、日本語の人たちだけ、すごく手間がかかるのです。情報が伝わったり発信したりする作業に、他とくらべて手間がかかるということは、これは確かな負荷です。

鴻巣　日本語が世界の言語のなかでも特殊な構造をしているということはよく言われますが、日本語のような語順の言語のほうが、じつは数としては多いのだそうです。しかし、先進国といわれる国の文化を担い広く使われている言語は、インド＝ヨーロッパ語族の、主語、動詞、目的語という語順のものが多いので、これが支配的で、この感覚を習得するのは困難が伴うのですね。ただし、問題はそこではないようです。韓国語は日本語と語順が似ているし、助詞があるという点でも日本語と非常に近いのですが、韓国の英語学習者は日本の英語学習者に比べて上達が速いように思います。それだけ韓国の人たちのほうが英語を必要としているということなのでしょうか。

片岡　分野によっては韓国語ではそれにあたる言葉がなく、英語でないと言いあらわせないから英語を使わずに済ませることは出来ない、ということではないでしょうか。

鴻巣　日本語は、早い段階であらゆる分野において発達しました。漢字という魔法のようなツールもありますし、カタカナもそうです。言おうと思えばすべて日本語にしてしまうことが出来ます。こう言うといろいろ問題もありますけれど、漢字という便利すぎるツールを持っているがゆえに、むしろ論理的で明解な思考をさまたげることがあるのではと最近ときどき思うんです。そもそも、小学校一年生から中学校卒業まで、義務教育の九年間をかけて、漢字つまり母国語の字を学習し続けるのですから、これは非常にたいへんです。

英語はというと、アルファベット二十六文字しかありません。綴りと発音の関係は英語の場合かなり混乱していますから、これは熱心に学習し、スペリング・コンテストなどもおこないますが、とにかく基本ツールである文字そのものは二十六字のみです。日本語の漢字は、義務教育で習う常用漢字だけでもおよそ二千字ほどです。その上、読みが音読み訓読みとあり、さらに、「字をきれいに書く」という訓練と、「書き順を正しく」という指導もされますね。「基本ツール」の文字の学習にあまりにも時間とエネルギーが必要なので、その文字と言葉を駆使して「論理的な思考をする訓練」まで国語の授業で手が回らないのではないかと危ぶんでいます。それに、漢字熟語って多くは外国語の翻訳語ですから、意味の圧縮度が高

くなんとなく充実したことを言った気になれる。そのふりが出来る。私がいましゃべってい
る文章もそうでしょう(笑)。

片岡　外国人が日本に住んで、日本語によってある程度の知的レベルのところを生きていこう、そのためには日本語で仕事をしていこうと思うなら、相当な量の漢字をひと目見て理解し、判別が出来、音訓の使い分けが出来、書くならばきれいに書けなくてはいけません。このハードルは高いです。これが出来ないと、日本語で仕事が出来るとはみなされません。

鴻巣　いま看護士や介護士の資格試験で、漢字がハードルになっていて、外国からの受験者が日本の資格をなかなか取れないことが問題になっていますよね。

片岡　資格試験が日本語だけ、というのは謎ですね。

鴻巣　少なくとも選択出来るようにすべきだし、変わりつつあるようですね。

オノマトペではない日本語で

片岡　看護や介護を受ける人たちも英語で受けなくてはなりませんね(笑)。そうなると、またいろいろと問題が起きます。「シクシク痛みます」と言いたいときの「シクシク」を、英語でなんと表現すればいいのか。英語で言うためには、日本人にとっては体感そのものである「シクシク」を分析し、解体し、いったんある程度までの抽象的次元にもっていく作業が必要になります。「シクシク」を英語で言ってみてくださいよ。

鴻巣　その前に「シクシク」をほかの日本語で説明出来ません（笑）。

片岡　シクシクという痛みは、いま思うと、子供の頃に二、三度はありましたかね。遠い記憶です。ごく軽い食中毒でしょう。食い合わせの悪さ、というような。それ以来、ないですよ。もしいまなにかあれば、シクシクという牧歌的なものではなく、お腹がいきなり引っくり返った強烈な嘔吐で、嘔吐のあとは立ち上がることも出来ない、というようなことになりそうです、時代的に。シクシクは半径十センチから十五センチほどの範囲で内部に持続するごく軽度のしかも同程度で持続する痛みですね。これがもっとピンポイントにされるとチクチクですが、これは体の表面で感じる痛みにもなります。シクシクの次の段階は、なんと言いますか。シクシクは内科的ですが、ズキズキになると外科的な側面が加わりますね。ズッキンズッキンになると痛みに脈動が重なって来ます。

こうしたオノマトペ談義に僕たちは笑っていますが、たとえばマレーシアからの学習者たちにとっては、絶望的な壁です。看護や医療の現場で英語を選択出来る日が来たとして、外国からの医師や看護師たちに、日本の人たちはシクシクという痛みを説明しなくてはいけません。オノマトペではない日本語で、シクシクをどのように言いますか。半径十センチほどの範囲内でお腹のなかに持続している、やや軽度の、しかし一定の程度で持続する痛み、とでもなりますか。これを英語で言えばいいのです。

鴻巣　ほんとにいつ「シクシク」などは抽象化されて身につくんでしょう。痛覚も色覚とおなじで他者と共有出来ないし、教われないのに、お産の痛みを「ほかほか痛い！」と言う人はおそらくあまりいません。

反対に、私が英語から日本語に出来ない言葉として、plainがあります。「プレーンなシャツ」なんて、シャツの形容に使う場合はまだよいです。「飾り気のないシャツ」ということですね。これを、人の風貌、特に女性の容貌の形容に使う場合、どのように訳せばよいのか、女性の顔がplainであるとは、どのくらい〝ブス〟なのか、そうではないのか。

片岡 plainは「ブス」ではないですよ。

鴻巣 そうですよね。ところが、英和辞典では「不器量な」という語義もあるんです……。

片岡 「不器量な」ともちがいます。「目立たない」ということです。

鴻巣 ええ、「目立たない」「さえない」「平凡な」ということですね。

片岡 それだけのことです。

鴻巣 「美人ではない」ということと「不器量な」はちがいますよね。私が推測するに、英和辞典の編集段階で、なんらかの行きちがいがあって、「美人じゃない（平凡）」が「不器量」になってしまったんじゃないかと……（笑）。

小説でも、原語でplainと書かれているところを「不器量な」とか、一歩進んで「不美人な」と訳されていたりします。私も学生の頃は、「ブスの婉曲表現」なのだと思っていました。英和辞典には、「不器量な」の隣には「十人並みの」も載っていました。「どっちなのよ、だいぶちがうじゃない！」と思いましたけれど。そうやって、小説作品のなかでいろいろなplainな顔を私は読んできて、頭のなかでだいぶ残念なほうへ引っ張られたり、そうでもないほうにひっぱられたりしながら、だんだん、これくらいなのかな、という感覚を持ち始めたのですけれど、難しいです。

片岡 さきほど出た bare と plain は似た言葉ではないでしょうか。「何も加わっていない素の状態」ですね。素は別に否定されているわけではなく、単に素であるという、それだけのことです。

言葉というものはすべて本質的に抽象的なもの

片岡 「翻訳問答」にふさわしい話になりましたね。

鴻巣 さきほど「be 動詞が『てにをは』になったら世界は終わっちゃう」という警句が出ましたが。

片岡 世界が終わるよりも先に、日本語のハードルが高すぎて、世界で起こっていることに日本がついていけなくなる可能性があります。

鴻巣 明治大正時代は、国のエリートが翻訳をしていました。西欧とアメリカの文化や技術を受容するうえで、それらを日本語に翻訳する人たちは、たとえそこに多少の誤りがあろうとも大変な権威でした。

片岡 翻訳出来る能力があるからこそエリートであり、だからこそエリートが翻訳を受け持ったのですね。

鴻巣　ええ、国のトップの能力が翻訳していたわけですね。それがいまでは、外国語が出来る人の数は増えて、とくに英語から日本語に翻訳する能力は特別なものではなくなりました。いまや翻訳者はすでに権威者ではないのですが、しかし言語を分析的にみる高い能力を持つ多重言語者は必要だろうと思います。

片岡　建前としての全員一律主義はいまも強力なのでしょう。

鴻巣　全般的に、日本はエリート主義にも抵抗感があるような気がします。

片岡　素養としか言いようがないので素養と言いますが、翻訳者の持っている素養が、原文と複雑な化学変化を起こした結果として生まれて来たものが訳文なのだということが、こういう話をしているとよくわかります。不十分な英語で仕事として日常的に世界を相手にするときの、自分の言いたいこととそれを言うための言葉とは、おそらく一対一の関係にあるのです。そのような言葉で作っていく関係がGlobishによる関係だとすると、その言葉はまさしく貨幣でしょうか。貨幣は非常に厳しく一対一の世界ですから。

鴻巣　たとえば、「楽天」で使われている英語のレヴェルはどの程度なのでしょうね。Globishのようなプレーンなものなのか、それとも……。

片岡　幹部会議など聞いてみたいですよね。幹部たちは日本語で喋っているのではないでしょうか。日本はいたるところに翻訳があります。片仮名書きをして日本語のなかに取り込んだ外国語は、強力な翻訳の一種でしょう。文学、ノンフィクション、映画の字幕、吹き替え、外国からのニュース報道など、すべて日本語に翻訳されています。外国人の人名が片仮名表記されるのも翻訳です。

サッカーの世界にジーコという人物がいますね。ジーコという片仮名書きは何度もいろんなところで見ていて、僕でも知っているのです。どう書くのかな、とふと思うことはあったのですが、ずっとあとになって、Zicoだということを英字新聞で知って、その新鮮さに驚きました。ジーコだと面白くもなんともないのですが、Zicoだと日本の外にある多様な世界の一端に直接に触れたような感銘がありました。Zicoという個人がくっきりと浮かび上がる様子には、尊敬の念すら覚えたのです。日本の会社の会議が英語でおこなわれるのは、すべてが翻訳される日本というものが崩れていく、最初の一角かも知れませんよ。まったく逆の体験もあります。ビヨンセという女性歌手の名前は以前から見たり聞いたりしていますが、Beyonceと書くのだと知ったのは、ごく最近のことです。本当にこう書くのかよ、と思ったほどに、英文字綴りはまさにビヨンセでした。日本人が日本の女性のためにビヨンセという芸名を考案し、それに対してBeyonceという英文字の綴りを当て字のように考え出したのではないか、と思ったほどです。

鴻巣　日本人は、これほどにアメリカ文化を好み、受容してきたけれど、なぜ言語そのものはなかなかなじみにくいと片岡さんはお考えになりますか？　ひとつは言語構造の差異でしょうけれども。

片岡　たしかに様々な文化をアメリカから受容しましたが、受容するときすでにその段階で、活用・変換・変質など、様々なことがおこっています。言語の習得は充分ではなくとも、自分たち向けに文化は選別して受容出来てしまう、ということなのでは。

英語が世界共通言語になっている事情には、英語の基本動詞が持っている性格が大きく関係していると僕は思います。英和辞典でtakeを見ると、一ページぎっちり二段で二ページあります。haveは一ページです。いろんなふうに使うことが出来ますから、その使いかたが用例つきで説明してあるので、これだけのスペースになるのです。おなじひとつの動詞がいろんなことに使えるという使いかたの許容幅の広さは、そのまま使いやすさという一貫性につながります。いろんなことに共通した使いやすさは抽象性の高さであり、これが誰に対してでも約束してくれるのは、使い手にとってもっともうれしいものである、一貫性という能力です。一貫性を自分が発揮し、一貫性のある世界に入っていくと、そこには他者によるおなじ一貫性があり、そこに自分も参画出来るのですから。

鴻巣　言葉というものはすべて、本質的に抽象的なものです。そこに無数の具体性がはり付いていると考えたらよいのではないでしょうか。その具体性のどこを引っ張ってくるかということが翻訳です。単語やフレーズごと一対一で持ってくることが出来たら、それは翻訳が要らない状態ということです。機械で出来ます。

内容に忠実に英語でリライトする

片岡　翻訳とはなにでしょうか。翻訳という言葉を僕たちはいつも気にも留めずに使っていますけれど、よく考えてみる必要がありますね。日本語の作品を英訳する場合、ある作品を日本語で読み、その内容を掴んだうえで、それが形而上的な内容なら、内容に忠実に英語でリライトしなければいけない。英語の言葉の論理に、日本語で書かれている内容を、取り込まなくてはいけないのです。そのたいそう良く出来た例として、アーサー・ビナードさんが英訳した、金子光晴の「富士」という詩があります。その詩の最後の五行を紹介します（アーサー・ビナード『日本の名詩、英語でおどる』みすず書房）。

雨はやんでゐる。
息子のゐないうつろな空に
なんだ。糞面白くもない
あらひざした浴衣のやうな
富士。

これをビナードさんはこう英訳しています。

the rain has let up. Overhead
the sky is empty, our son nowhere in sight.
This is shit, and on top of it all,

there's Fuji, looking like a faded
old bathrobe.

このように英訳したビナードさんを僕は偉人と呼びます。「息子のゐないうつろな空に」という一行を見てください。日本語では「息子の」「いない」「うつろな」が全部「空」にかかってそのぜんたいがひとつの名詞になっています。英訳はどうなっているでしょう。「雨がやんでいる」は the rain has let up. とそのまま。しかし、次にいきなり Overhead と、読む人の頭上へと視線が向かうのです。気持ちもそこへ向かいます。そして the sky is empty「空はからっぽだ」と、空だけが単独で問題にされる。次に our son nowhere in sight と、息子が問題にされています。それぞれが並列の関係で、すべてが「空」にかかっているわけではありませんね。

鴻巣　重要な要素を抽出してそれぞれ際立つように並べ直していますね。以前片岡さんは「ペンを拾う」という簡単なフレーズが英語でよく言い表わせないと、なんとも衝撃的なことをおっしゃいました。pick up も find も日本語の「拾う」に当てはまらない、と。しかも、「さっきさ、ペンを拾ったんだよ」と日本語ではいきなり喋り出せますが、日本語で拾うという言葉が成立するためには、まずそこに道がなければならない。さらに誰か(主語となる存在)が道を通りかからなければならない。これは「息子のゐないうつろな空に」とおなじですね。この英訳は、まず光景が降りてきて、その背後にある抽象性を引き連れている。つまり「雨はやんでゐる。息子のゐない……」は英語になると、いきなりはつながらないということですね。どうしても Overhead が必要になってくる。

片岡　ですからこれは本当に見事な翻訳です。Overhead とまず「空」を問題にしてから、その空に託して息子のことを語っている。金子光晴は、頭上に、とは書いていません。ビナードさんは Overhead の一語を使うことで、視線を頭上へ誘っていて、そこがすばらしい。日本語の原文では「空に」というひと言があるだけですが、しかしそれでも読者の気持ちは頭上へ導かれるのでしょう。書き手が省略したものを読者が補いますから。

鴻巣　原文では、自動的省略だし、自動的補足でしょうね。

片岡　読む人には負担がかかりますね。最後に富士山が出てきて、そこにすべての言葉が掛かっているのですから。僕は英訳のほうが好きです。言葉のならびかた、つまり機能のしかたが、当然のことですが、まるっきりちがいます。英語には輪郭や機能がはっきりした言葉のつながりがあるので、明確な前進性が出ます。

鴻巣　原文の、全部が空に掛かってくる構造よりもビナードの翻訳のほうが好きだという片岡さんの考えは、『嵐が丘』のときに言っていた、なるべく文章はフラットにするという姿勢にもつながりますか？

片岡　この英訳はどの言葉もきちんと論理的に整理されていて、読者の気持ちが脇へ漏れ出す隙間がないのです。ということは、書く人も読む人も、前に進むしかないのです。

鴻巣　片岡さんの文は素材のまま読者に渡して、読者に調味してもらっているように見えます。この「富士」にもおなじ印象を持ちました。日本語原文ははじめから調味されていますが、英訳のほうは「空です、うつろです、息子はいません」とフラットに並列されていますね。

片岡 the sky is empty, のコンマの存在がまた注目です。

鴻巣 このコンマ、具体的には何も指示していませんね。

片岡 コンマによって左右に分けられた、ふたつの状況の並列でしょう。しかし、そうすることによって、誰も止めることの出来ない前進力が生まれます。

鴻巣 コンマは、日本語の読点とはまったく意味がちがう。訳文でも位置や数を原文のそれに揃えようとする人もたまにいますが。英語は、コンマとピリオドの間にいくつもグラデーションがあります。

なんだ、糞面白くもない

片岡 次の「なんだ。糞面白くもない」ですが、これまた素晴らしい訳です。This is shit となっている。原文は「うつろな空に」で改行して「なんだ。」で始まっていますが、金子光晴の気持ちとしては「うつろな空に、なんだ。」とつながっている。そしてひと呼吸おいて「糞面白くもない」と続く。On top of it all は直訳すると、こうしたことすべての仕上げとして、といった意味ですが、この文脈での「糞面白くもない」という日本語とその論理を、英語のこの言葉に託すことの出来る才能は、さきほども言ったとおり、偉人のものです。「あらひざらした」というのもやっかいな言葉です。日常での繰り返しによる結果として生まれた「あらひざらした」という状態ですが、単なる繰り返しの積み重ねではなく、明らかにつらい気持ちが含まれています。英文では faded と訳されていて、「色あせた」というごく普通の意味合いです。

もうひとつ鴻巣さんに見てほしいのは、「黒蜥蜴」という歌の英訳です。まず日本語による歌詞の前半です。

誰も入れぬ　ダイヤの心
冷たい私の心のなかには
どんな天使も悪魔のささやきも
男の愛など届きやしない

鴻巣　うーん、詩を翻訳するのは難しいですね。日本語としてはちょっと文法破格で不揃いで面白い。「ささやきも」の後に「いわんや」というニュアンスが入っているんですか？　だいぶ動詞を補わないと英訳出来ないでしょう。

片岡　曲も含めて良く出来た歌謡曲です。冷たい感じを出して相手を拒絶しようとしてはいるけれども、本当は自分のすべてを受け入れてもらいたいという歌です。ピンク・マティーニの『サンパティク』というＣＤに収録してあります。素晴らしい編曲でチャイナ・フォーブスが日本語で歌っていて、ブックレットには歌詞の意味を伝えるものとして、英訳が添えてあります。じつに要領のいい訳です。

No one can reach
This diamond heart
Cold heart of mine
Not even an angel
Or the devil's whispers of desire
No man's love
Can ever reach my heart

鴻巣　なるほど英訳でも「悪魔のささやきも」と「男の愛など」のあいだにはとくに接続詞的なものはないですね。この省略に詩がある。

片岡　「誰も入れぬ」と「男の愛など届きやしない」の「入る」も「届く」も、ともにreachと訳されている。それから「届きやしない」というのは届かないの強調ですが、ちゃんとeverを使って絶対に届かないという意味を出している。それから日本語の原文ではただのイメージとしてぼんやり天使と悪魔が出て来ますが、英語では天使と悪魔が見事に対比されています。日本語では「悪魔のささやき」とだけ言っている箇所も、「悪魔が耳もとで囁いて吹き込む欲情の言葉」と補われています。この対比も翻訳としてたいそう興味深いです。

鴻巣　人によっては、the devil's whispers と揃えて the engel's song とかなんとか補いたくなんじゃないかと思います(笑)。「天使」と「悪魔のささやき」および「男の愛」では微妙に抽象度に差がありますから。しかし原文のもつギャップをギャップのまま放置するということも翻訳者の役割かなと思うのです。

片岡　翻訳に関してはなぜか話がつきませんね。

編集部より
カバー表記の「翻訳問答」＝“Lost and Found in Translation”は片岡義男訳です。

本書でふれた翻訳書

Pride and Prejudice

中野好夫訳　『自負と偏見』新潮文庫、一九六三年
富田彬訳　『高慢と偏見』岩波文庫、一九九四年改版
阿部知二訳　『高慢と偏見』河出文庫、一九九六年
中野康司訳　『高慢と偏見』ちくま文庫、二〇〇三年
小尾芙佐訳　『高慢と偏見』光文社古典新訳文庫、二〇一一年

The Long Goodbye

清水俊二訳　『長いお別れ』ハヤカワ・ミステリ文庫、一九七六年
村上春樹訳　『ロング・グッドバイ』ハヤカワ・ミステリ文庫、二〇一〇年

A Perfect Day for Bananafish

山田良成訳　『ばなならおにはあつらえむきの日』「九つの物語」思潮社、一九六三年、所収
鈴木武樹訳　『バナナ魚にはもってこいの日』「九つの物語」角川文庫、一九六九年、所収
橋本福夫訳　『バナナ魚には理想的な日』「ニューヨーカー短篇集2」早川書房、一九六九年、所収
沼澤洽治訳　『バナナ魚日和』講談社、一九七三年
野崎孝訳　『バナナフィッシュにうってつけの日』「ナイン・ストーリーズ」新潮文庫、一九七四年、所収
片岡義男訳　『まるでバナナフィッシュの一日』「学研版世界文学全集46　世界中短編名作集」学習研究社、一九七八年、所収

中川敏訳　『バナナフィッシュに最適の日』「九つの物語」集英社文庫、二〇〇七年、所収
柴田元幸訳　『バナナフィッシュ日和』「ナイン・ストーリーズ」ヴィレッジブックス、二〇〇九年、所収

Anne of Green Gables
村岡花子訳　『赤毛のアン』新潮文庫、一九五四年
中村佐喜子訳　『赤毛のアン』角川文庫、一九五七年

In Cold Blood
龍口直太郎訳　『冷血』新潮文庫、一九七八年
佐々田雅子訳　『冷血』新潮文庫、二〇〇六年

Wuthering Heights
永川玲二訳　『嵐が丘』集英社文庫、一九七九年
田中西二郎　『嵐が丘』新潮文庫、一九八八年
鴻巣友季子訳　『嵐が丘』新潮文庫、二〇〇三年
河島弘美訳　『嵐が丘』岩波文庫、二〇〇四年
小野寺健訳　『嵐が丘』光文社古典新訳文庫、二〇一〇年

The Fall of House of Usher
西崎憲訳　『アッシャー家の崩壊』「エドガー・アラン・ポー短篇集」ちくま文庫、二〇〇七年、所収
巽孝之訳　『アッシャー家の崩壊』「黒猫・アッシャー家の崩壊　ポー短編集1」新潮文庫、二〇〇九年、所収

片岡義男（かたおか・よしお）
東京生まれ。早稲田大学在学中にコラムの執筆や翻訳をはじめる。「スローなブギにしてくれ」で野性時代新人賞受賞。小説集『階段を駆け上がる』『木曜日を左に曲がる』『真夜中のセロリの茎』（ともに左右社）、『ミッキーは谷中で六時三十分』（講談社）、『短編を七つ、書いた順』（幻戯書房）のほか、翻訳にジョン・レノン『絵本ジョン・レノンセンス』（晶文社／ちくま文庫）、ボブ・ディラン『タランチュラ』（KADOKAWA）など。『英語で言うとはこういうこと』（角川 one テーマ21）、『日本語と英語』（NHK出版新書）など言葉をめぐる著書も多い。

鴻巣友季子（こうのす・ゆきこ）
東京生まれ。英語文学翻訳家。お茶の水女子大学修士課程在学中より翻訳・文筆活動を開始。J・M・クッツェー『恥辱』（ハヤカワ epi 文庫）、トマス・H・クック『緋色の記憶』（文春文庫）、ヴァージニア・ウルフ『灯台』（河出書房新社）など、手掛けた翻訳書は五十冊以上。エミリー・ブロンテ『嵐が丘』（新潮文庫）の新訳が大きな注目を集める。ほかの著書に『全身翻訳家』（ちくま文庫）、『明治大正　翻訳ワンダーランド』（新潮新書）、『熟成する物語たち』（新潮社）、『翻訳教室　はじめの一歩』（ちくまプリマー新書）、『本の森、翻訳の泉』（作品社）など。

片岡義男＋鴻巣友季子

翻訳問答　英語と日本語行ったり来たり

二〇一四年八月二十日　第一刷発行
二〇二三年七月十日　第四刷発行

著者　片岡義男　鴻巣友季子
発行者　小柳学
発行所　左右社
東京都渋谷区千駄ヶ谷三-五五-一二　ヴィラパルテノンB1
TEL　〇三-五七八六-六〇三〇
FAX　〇三-五七八六-六〇三二
https://www.sayusha.com
装幀・装画　永利彩乃
印刷　中央精版印刷株式会社
ISBN978-4-86528-100-2　Printed in Japan